JN438306

마음 가는 대로 사소서

마음 가는 대로 사소서

권동웅 작품선집

도서출판 천우

90 나이에

빨간 장미를 보면 질투를 느낀답니다.
왜냐고요?
나보다 더 아름다우니 사랑받을까 보아
걱정 때문이오.

가끔은 감추어진 내 몸 어느 한 부분이
실수로 불필요한 외출 시 자신도 모르게
부끄러워하며 얼굴 붉히기도 하지요.

여름철 돌아가는 선풍기 옆에 앉아 있으면
가슴을 집적이는 바람이 마음을 설레게 해요.
쿵덕쿵덕 방망이질해요.
그럴 때 나는 살아 있음을 느낀답니다.

많이 감사한 일이지요.
서쪽 넘어가는 해 더 붉은 이유를
이제야 조금 알 것 같아요.

나이 구십,
일 분 일 초가 아까워요.
원래 호롱불은 기름이 떨어지려 할 때
더 많이 피어나서 밝게 보였다가
툭 끊어지는 법이니까요.

녹음방초 짙어가는 여름의 중심, 그동안 발간하였던 작품들을 선별하여 작품선집을 발간하게 되었습니다.

제1집 『매화나무와의 만남』 제2집 『삼호 가는 길』 제3집 『능금나무와의 사랑』의 여운들이 삶의 발자취에 커다란 획을 긋고 있어 많은 위안이 되는 것 같습니다.

글을 쓴다는 것은 가치 있고 소중한 기록입니다. 저의 깊은 독백 같은 작품세계로 인하여 좀 더 따뜻하고 서정적인 언어의 연금술사가 되어 메마른 가슴을 덥혀주는 진실한 작품으로 함께 동행하고 싶습니다.

보이지 않는 기적이 일어나듯이 독자들에게 사랑 받는 작품선집이 되기를 희망합니다.

2023년 8월

존사람 권동용

PART 01

시

무지개

기억 저편의 내 어릴 적 여름날
한줄기 퍼붓고 난 후
동쪽 하늘에도 서쪽 하늘에도
일곱 빛깔 아름다운 무지개
가끔은 쌍무지개
요즘은 통 나타나지 않는다
오염 탓이라고 한다
인간은 황금만능으로 부패되었고
자연은 그 인간으로 인하여 더러워졌다
자기들이 짊어지고 가야 할 십자가를
도시의 수없는 건물 위에
뾰족탑을 걸치레로 걸쳐 놓았다
믿는다는 것이
가식이요 요식이며 어떤 경우에는 삶의 한 방편이니
하느님 수고롭게 구약의 약속 무지개
만들 이유 없잖은가?

편 가르지 마라

어디서 태어났고 또 어디에 산다고 편 가르지 마라
다 거기서 거기인 것을
이 나라 통틀어도
어느 나라 한 주보다 크지 않은 것을 두고 뭐 그리 멀다고
선을 끊고 경계를 두고 구분하느냐?
아무리 멀다 해도
지금은 잘 뚫린 고속도로로 달려가면
어딘들 한두 시간이면 닿는 곳에 위치해 있다.
거리가 아니라 마음이 문제인 것을
모두가 다 마음의 문을 열고 받아들여라
다들 거기서 거기인 것을

웅비(雄飛)의 시대

미래 경제의 삼 요소는
빛나는 태양, 맑은 공기, 좋은 머리 가진 가슴 따뜻한 인간이다.
빛나는 태양 아래 우거진 숲은 맑은 공기를 생산하고
참다운 삶을 살며 진정한 기도를 드리는 사람들에게는
머리 좋고 가슴 따뜻한 자손이 태어난다.
물질이 자원인 시대는 지나가고
좋은 머리를 가진 가슴 따뜻한 사람들이
보이는 것과 보이지 않는 무한한 것을
이용한 새로운 산업의 시대가 온다.
이 시대가 분명 진정한 르네상스이다.
자원이 유해하지 않고
유한하지 않은 새로운 시대
우리들 자손이
세계와 더불어 펼쳐가는 시대
웅비의 시대가 온다.

어느 누가 없어도

내가 없어도
네가 없어도
또 어느 누가 없어도
아침 해는 변함 없이 동쪽 바다 위를
붉게 물들이며 솟아오를 것이며
사람들은 직장으로 학교로 또 다른 곳으로
바쁜 걸음으로 옮겨갈 것입니다
어제도 그랬고 오늘도 그럴 것이며 내일 또한 같을 것이니
오늘 만났고 내일 만날 것이니 모레 또한 만날 수 있을 것이다
누가 장담할 수 있나요
너 내일이 오기 전에 지금 당장 오너라 하면
아니 갈 수 없는 이치 모두 다 잘 알지 않습니까?
인간에게 확실한 것은 그 어디에도 그 무엇에도 없습니다
인간의 힘 크다 하나 허벌나게 피어나는
풀 한 포기도 만들 수 없습니다
네가 어떻고 내가 어떻고 누가 어떻고 하는 것도
다 부질없는 욕심 때문입니다
비우고 버리고 지우며 홀가분한 마음으로 살아갈 때
진정 행복할 것이며 천당은 덤일 것입니다

가을의 소리

꿀밤 떨어지는 소리 탁
또 하나 떨어져 누운 나뭇잎에 푹
또 하나는 비탈길 바위 위에 딱-악 떼구루루
앞산 산길
내 옆 함께 한 아내 발자국 소리 투우 탁
가을 안에
귀뚜라미 귀뚜루루
이름 모를 벌레들 소리
새 한 마리 겨울 준비하랴 바쁜 모양이다
휑하니 인사도 없이 나간다
스산한 바람 지나가니
나뭇잎 또 하나 갈지자로 춤추며 떨어진다
하늘을 우러러보니
열을 잃은 햇빛은 나뭇잎 사이에서 부르르 몸을 떤다
오늘은
긴 여름의 잔재와 작별의 인사라도 나눠야지

가을 배달부

저 귀뚜라미 소리 보통은 귀뚤귀뚤 하는데
저놈은 귀뚜르르 귀뚜르르 음악적이다.
한 잎 두 잎 낙엽 지니 슬퍼 우는 소리일까?
긴 여름의 더위 이젠 없어진 걱정 때문에 기뻐 웃는 소리일까?
팔월 보름 중천에 쟁반 같은 둥근달
높은 하늘에는 흰 구름 두둥실
밤바람 또한 싱그러우니
주변 사위(四圍)가
멀리 떠난 임 없어도 코 끝 찡함 갖게 한다.
지금 이 밤 얼마나 많은 연인들 가슴 설레고 있을까?
깊은 가을 하늘 초롱초롱한 별 따 큰 함지박에 담아
흘러가는 구름으로 포장하여
귀뚜르르 귀뚜라미 노래에 맞춰
이 밤 늦도록 사랑을 배달한다.

또 다른 겨울 풍경

서늘한 밤공기가 하늘에 가득하다.
하얀 달빛은 시린 발을 녹이려는 듯
온 들판을 뛰어다닌다.
가을걷이 후 들판
여기 저기 누런 황토흙이 포도나무 사이에
상흔(傷痕)인 양 모습을 드러낸다.
어제는
넓은 들판에 파란 보리들
추운 긴 겨울 나라며
눈이 이불 되어 덮어 주더니만
지금은
보리가 자취를 감추니
내리는 눈마저 언 발에 오줌 누듯 뜸하다.
지난날과 오늘
또 다른 겨울 풍경이다.

* 왜 이 지방은 눈도 비도 귀할까? 축복인가? 화인가?

겨울의 강

쨍 소리가 바람을 타고 강을 가른다.
피라미 송사리들의 넓은 운동장도
바윗돌 사이 메기 가물치들의 계곡도 얼어붙었다.
물속 물고기들
호호 입김으로 방울을 만들며
언 지느러미 녹이려한다.
겨울의 강
칼바람은 얼음 위에서 즐겁게 미끄럼 타지만
얼음 아래서는
찡찡 소리
추위에 한기(寒氣) 든 기침 소리를 낸다.

마음 가는 대로 사소서

붉게 물들어가는 서산 노을 홀로 서서 멍하니 바라보는
너 가여워라
멀찌감치 서서 말없이 바라보는
나 마음뿐 부질없어라
살며시 다가가 등 뒤에서 포근히 안아주려 해도
할 수 없음을 서러워하노라.
한때 싱싱했던 너
땅에 떨어져 누워
비에 후줄근히 젖어 밟힌 잎들 같아
너 애처로워라
누운 잎들 같은 너
마음만으로 가득 담아 선반 위에 올려놓으리다.
봄도 다 가기 전에
성급히 찾아오는 여름은 생각만으로도 지겨워라
그 여름도 때 되면 가듯
너도 그리고 나도 다 떠나가는 것을
여기도 저기도 이곳도 저곳도
어디라도 다 갈 수 있을 때가 그리워라
옳다 그르다 생각 말고
이젠 마음 가는 대로 사소서

이승과 저승

물질의 세계인 이승에는
시간과 공간이 존재하지만
영혼의 세계인 저승에는
아무 의미가 없다.
이 세상에는 긴 시간과 넓은 공간을 따지지만
저 세상에서는 거들떠보지도 않는다.
이 세상에는 시집가고 장가들지만
저 세상에는 시집가고 장가드는 일 없다 하니
늙고 병들고 죽는 일도 없을 것이다.
다만 이 세상에서도
마음이 기쁘고 슬프고 좋고 아프듯이
저 세상에서도
영혼만이 벌을 받듯 상을 받듯
기쁘고 슬프고 좋고 괴롭고
자기 몫은 영원히
자기 자신이 감당(堪當)해야 할 것이다

사랑

눈에서 멀어지면
마음까지 멀어진다.
한 울타리
얽히고설키고
닿고 부대끼고
자지러지고 까무러지고
같은 공기 들이쉬고 내쉬며
간섭하며 마음 아파하고
반항하고는 후회하는
우리들 살아가는 모습
이게 사랑이란다.

눈물과 빗물

때리는 소낙비 소리 창문이 울고
여름비가 흠뻑 어미 가슴에
오늘은 눈물이 되어 흐른다.
어제 내린 비 오늘 내리는 비
다 같은 비이건만
집 나간 아이 어미에게는
어제는 눈물이 되었고
돌아온 집 아이 어미에게는
오늘은 빗물이 된다.
어떻든 너무 상심 마소서
먼 후일 세월 흐르다 보면
다 아련한 추억이 됩니다.

사랑이란

네 마음잡기가
그렇게 어렵더니
내 마음 접기는 더더욱 어렵다.
사랑이란
잡기도 어렵지만
접기는 더더욱 어려운
상사병(相思病)
그게 사랑이란다.

세월의 잔재

하늘 가운데 흐르는 구름
바람인가 하였더니 세월이었네
땅바닥에 떨어져 누워
쏴— 바람 한 번에
정처 없이 흩어지는 단풍
낙엽인가 하였더니
이는 세월의 잔재이었네

부부

부부 글을 써 놓고 보면 똑같다
한자로 쓰면 부부(夫婦)
이렇게 다르지만 구태여 그럴 필요가 있을까
다 같은 사람 같은 인격체
한몸이란 하나의 의미는
부부 두 글자 그대로 구분 없이 같다는 의미일 것
요즘 셰프(chef) 주방장은 남자가 대세인데
삼식이 놈 두식이 일식 씨 영식님 이란 풍자어가
왜 날개를 달았을까
삼시 세끼 같이 요리하고
정답게 기쁜 얼굴로 마주앉아
오손도손 당신 먼저 하며 먹으면
이는 천국일 것이오.

5월의 장미가 된 당신

말하지 않아도 나는 알고 있어요.
그대 안에 내 사랑 가득한 것을
눈으로 하는 말 마음으로 읽어요.
가슴에 와 닿는 당신의 숨결
전율이 되어 흐릅니다.
말로 하는 사랑은 겉치레뿐이지만
마음으로 하는 사랑 진실(眞實)하나요.
푸름 가득한 이 5월
비집고 들어온 5월의 빨간 장미
내 마음 안에서 만발합니다.
나는 행복합니다.
화려한 빨간 장미에 톡 쏘는 가시가 있어
어디를 쏠지 알지 못하니
긴장(緊張)하라 하기 때문입니다.

순리(順理)

오는 사람 막지 말며 가는 사람 또한 잡지 마라
오감이 다 제 마음인 것을
오는 사람 막는다고
동쪽 하늘 아침 해 밝아 오지 않을 리 없고
가는 사람 잡는다고
서산 넘어가는 해 붉게 물들지 않을 리 없다.
흐르는 물 또한 가둔다고
한곳에 마냥 머무르지 않는다.
흙 속으로 스며들거나 수증기로 변하여
하늘로 올라간다.
어느 세월 그 물 할 일 없이 넓은 하늘을 떠돌다
한겨울 눈으로 변하여
네온 불이 어지러이 널려있는 소음 가득한 도회(都會)
사색(思索)의 골목에서
온 우주를 짊어진 양 우거지상을 하고
시름겨워 산책하는 어느 젊은이 머리에 앉은들
네 아무 표시 없으니 어찌 알 수 있으리오.

진정한 자유인

한 평도 되지 않은 공간에 얽매인
부자유스러운 사람
이는 분명 구속(拘束)이다.
한때 잘못이 육신을 옭아 격리의 노예로 살고 있다.
갇힌 곳에서 닦고 또 닦고 조이고 또 조여
기름칠 하다 보니 반들반들 내 마음 윤난다.
비우고 버렸더니 무소유의 기쁨을 맛본다.
멍하니 막막하니 생각의 끄나풀을 이어간다.
갇힌 공간을 벗어나
먼 우주를 향한 끝없는 여행길이 되었다.
마음의 운수 행각(雲水行脚)이랄까?
사유(思惟)의 빈곤(貧困)에서 오는 모자람은
정신을 감옥으로 만들고
죄 앞에 자유로울 수 없는 나는
영혼을 지옥으로 내몬다.
갇혀 있어도 자유로운 사람 많고
활개치고 다녀도 노예로 사는 사람 많다.
사람아
안에 있든 밖에 있든

진정 하느님 앞에 자유로운 사람 그는 누구인가?
그가 진정 자유인이다.

* 2010년 7월 4일 교도소 방문 후에

무지의 소치

옛날에는 갓난애들
갖은 질병으로 돌 지나기가 무척이나 어려웠다.
홍진에 가나 염병에 가나 말이 있을 정도였다.
출생신고도 인간이 되려나 봐가면서
한두 돌 지나서 한 경우도 허다했다.
더욱 손이 귀한 집 자식들은
귀신이 시기해서 잘 데려간다 해서
액땜으로 양밥(액막이)을 했다.
천하게 보이려고
아이를 냇가 자갈돌 둔치에 팔기도 하고
건넛마을 점쟁이 할망구에게 팔기도 했다.
그러다보면 아이는 엄마가 둘이다.
낳아준 친엄마 팔려간 곳 엄마
그래도 갈 아이는 갔다.
그때는 그 짓이 최고인 줄 알았지만
세월 흘러 지금에 와서 보니 의술이 부족했던 것을
다 무지의 소치였다.
세상 일 알다 모를 일 어디 한두 가지이라야

헛간

허름하지만 어느 것 넣어 두어도 잘 보관하는
언제나 찾으면 나 여기 있소 하며
반갑게 얼굴 내밀 것 같은 곳
헛간
그런 곳이고 싶다.

값나가는 것은 없고
구질구질해 보이지만 정작 필요한 것은 다 있는 곳
헛간
그런 곳이고 싶다.

허술해도 거추장스럽지 않고 마구 던져두어도
그 자리를 지키며
언제나 필요시에 제 힘을 발휘할 수 있도록 보관해 주는 곳
헛간
그런 곳이고 싶다.

지금 세상에도 이런 곳 한곳쯤은 있어야겠다.
그런 마음 그런 장소 그런 곳
헛간
나는 그런 곳이고 싶다.

허공

보이는 것은 아무것도 없고
보이지 않는 것으로 가득 채워진 곳
정지된 것은 없고 움직이는 것은 자유롭다.
매임이 없고 구속은 더더욱 없다.
보이는 구름을 보이지 않는 바람이 몰고 다니며
하늘 길을 막기도 하지만
이도 잠깐
언제나 길은 열려있다.
같은 길이지만 타고 다닐 수는 있어도
걸어 다닐 수 없고
내릴 수는 더더욱 없다
하늘 길
날개 달린 새들에게는 길이지만
두 발 가진 짐승에게는 있으나 마나 한 길이기도 하다
허공 보이는 것은 없고
보이지 않은 것으로 가득 채워진
비운 마음 같은 것이다.

함께 묻으리라

산에 묻는다는 부모
내 어머니를 나는 아직도 산에 묻지 못한다.
두 과부 함께 사시다
내게 하듯 해야 된다 유언(遺言) 남기시고
나이 많으신 내 어머니 과부 먼저 가셨으니
청상(靑孀)에 홀로 되어 엄마 같이 남편 같이 함께 사시다
큰집에 달랑 혼자 남으신 내 큰 누나
지난 세월 어찌 견디며 살았을까
모진 것 생명이라 어쩔 수 없다지만
긴 세월 흘러 육신과 함께
한(恨)도 원(願)도 염(念)도 거두어 가시는
그날이 언제일지
그날
내 가슴속에서 끄집어내어
함께 땅에 묻으리라.

물같이 살고 싶소

비 온 뒤 산중턱
흐르는 물소리 졸졸
내 귀에 소곤소곤
나 내려가 길 비켜 한다.
높다 싶으면 휘둘러가고
막았다 하면 넘쳐나고
높은 자리는 싫다며 낮은 곳으로만 간다.
앞서가면 따라가고 반항하면 정복하고
항복하면 감싸 안는다.
가는 길
불평 없고 불편 없다.
앉아서 보는 나
물만 같아도 좋을 듯하오
물같이 살고 싶소.

죄와 벌

산짐승은 아무리 다녀도
길이 되지 않는 산길이
사람들이 건강에 좋다며 한껏 다리에 힘주며
아침저녁 오르내리면서 용선 것이
움푹움푹 패인 산길이 되었다.
그 산길이 비가 오면 물길이 되고
그 물길이 집중 호우 시 넘쳐 목숨 앗는다.
가까이 산다는 것이 죄이며
좋다면 오르내리는 것이
만신창(滿身瘡)이고 벌(罰)이다.

말 아닌 행동

가난한 이웃과 함께 할 수 있는 마음가짐은
하늘에 보화를 쌓을 수 있는 기초이다.
내 가진 것 나누어 주고
모자라면 내 육신의 수고 마다 않을 때
하늘에 내 보화 쌓는다.
수없이 많은 기도보다
가난한 이웃에 대한 실제적인 보살핌은
자신을 위한 구원의 길
말로만 찾으시는 하느님은
빛 좋은 개살구
행동으로 섬기는 하느님은
풍성한 가을의 알알이 새까만 포도송이
가난한 이웃을 내 몸같이
사랑하라는 뜻은
말이 아닌 행동의 의미다.

PART 02

수필

일등국의 조건

2차 대전을 일으켜 수없이 많은 사람이 죽고 다쳤습니다. 많은 나라들에 경제적 손실을 가져온 전쟁의 주범인 독일과 일본이 패전의 아픔을 딛고 일어나 전승국인 영국, 프랑스 이상으로 발전하여 경제 대국이 되었습니다.

경제 대국. 세계 일등국가가 된 근본은 어디에 있을까요? 그것은 국민 한 사람 한 사람의 정직성에 있습니다.

독일 국민을 보셔요. 얼마나 정직한 국민입니까? '독일 병정'이란 유머는 그만큼 아주 강직하고 올곧은 성품의 소유자들의 모델로 회자(膾炙)되는 그들을 칭찬하는 말 아닐까요?

이웃 일본은 어떻습니까? 얄미울 정도로 거리가 깨끗하고 도로 옆에 있어도 잠이 올 정도로 자동차 경적 소리도 없지요. 지진으로 해일이 밀려와 온 천지가 뒤집혀도 일용품을 사기 위하여 긴 줄이 되어 기다리는 미라 같은 국민 무섭지 않습니까?

공동선을 위해서는 개인의 이익을 뒤로 미루고 참을 줄 알고 기다릴 줄 아는 국민, 서로 돕고 밀어주는 모범 국민, 정직하며 철저한 국민, 이들 국민이 현재의 독일과 일본을 있게 한 것입니다.

일본은 독도가 자기 땅이라 합니다. 먼 옛날부터 우리(대한민국)의

땅이라는 것을 저들 일본은 잘 알고 있습니다. 그러면서도 억지를 부리는 일본 그들입니다.

앞으로 핵무기도 가질 것이며 침략의 야욕도 버리지 않는 국민임을 또한 알아야 합니다. 지금은 국력이 미국보다 약하기 때문에 미국의 핵우산 아래에 찰싹 따라붙어 온갖 비위를 맞춰가며 힘을 기르고 있음을 알아야 합니다. 자기들끼리 관계는 한 치 오차도 없이 서로 도우며 철저히 밀어줍니다만 남(다른 나라)에 대해서는 발톱을 세우는 국민입니다.

수니파 원리주의 무장단체 '이슬람 국가(IS)'에서 살해된 일본인 인질 고토 겐지(後藤健二) 씨의 죽음을 보는 일본인들, 일본 언론들의 태도는 어떠하였습니까? 고토 겐지 씨 형인 고토 준이치(後藤純一) 씨는 "매우 안타깝다."라면서도 동생의 석방을 위해 노력한 일본 정부에 대해서 죽었는데도 감사하다는 입장을 밝혔습니다. 그의 어머니는 나라에 대해 한마디 원망도 없이 국민과 나라에 사과하는 모습을 보입니다.

우리들의 부모라면 어땠겠습니까? 우리들 언론이라면 어떠할 것 같습니까? 조용한 일본 그들과 같은 모습을 보였을까요? 아니지요, 국가에 대해 정부에 대해 대명천지에 있는 것 없는 것 온갖 것을 다 까발리며 잘못했다 하면서 배상이니 보상을 요구하며 아마 몇 달을 떠들 것이 뻔합니다. 그러니 일본과 비교하면 할수록 우리들의 모습은 참담해지는 것입니다. 다시 한 번 우리들 현실을 냉정히 생각합시다.

우리에게 힘이 없으면 언제라도 쳐들어 올 일본임을 또한 알아야 합니다. 먼 후일 우리들 후손들이 일본 후손들과 독도를 두고 전쟁을 할 수도 있음을 알아야 합니다. 우리가 죽고 난 후 일어날 일이니 우리는 모른다 하는 조상이 되기를 바라지 않는다면 지금 정신 차립시다. 그들 독일과 일본인들의 정직을 배웁시다. 그리고 힘을 키웁시다.

화가

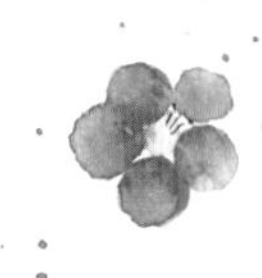

어떤 사람을 만나느냐에 따라 사람의 일생은 달라질 수 있다. 어느 시골 학교에서 있었던 일이다. 박 군은 공부를 잘하는 학생은 아니었다. 그렇다고 운동이나 예능(藝能) 등 다른 무슨 특별한 것도 없는 그저 평범한 학생이었다.

| 매화나무 |

단지 이 학생은 종이에 무엇인가를 그리기 좋아하여 쉬는 시간이나 짬이 나면 언제나 연필로 긁적이고 있었다.

그런 학생을 담임 선생님이 눈여겨보시고 학생의 머리를 쓰다듬으시며

“너 참 그림을 잘 그리는구나. 소질도 있어 보이고 앞으로도 그렇게 열심히 그림을 그리면 틀림없이 훌륭한 화가가 될 게야.”

박 군의 눈동자를 보시며 던진, 마음이 담긴 진정 어린 이 한마디 말씀이 학생의 일생을 결정했다. 자기를 보며 웃음 띤 인자한 선생님의 눈이 그것을 증명이라도 하는 것 같았다.

박 군에게는 선생님의 말씀 한마디가 가슴 깊이 박혔다. 한 시도 뇌리에서 떠난 적이 없었다. 금과옥조(金科玉條)로 삼아 되새김하며 채찍질하며 노력했다. 젊은 날 좋지 않은 가정환경으로 인해 세월의 굽이굽이마다 생각지도 않은 일들이 생겼지만 그때마다 선생님의 인자한 얼굴이 떠올랐다. 선생님은 거짓말을 하지 않을 분이라는 것을 믿었다. 그 믿음이 박 군의 강한 집념을 만들었다. 노력으로 이어졌다.

세월 흘러 박 군은 훌륭한 화가가 되었다. 선생님의 덕담은 학생에게 용기를 주었고 믿음을 주었다. 선생님의 애정에 찬 관심과 보살핌이 힘이 되어 훌륭한 화가를 만든 것이다.

이와 같이 세상에는 어떤 사람을 만나느냐에 따라 하는 일은 물론 운명까지도 바뀔 수 있는 것이다.

좋은 인연은 선업(善業)을 쌓게 해 좋은 일로 이어지며 더 많은 사람들이 아름다운 세상을 만들어 가는 데 함께하게 할 것이다. 이와 반대로 나쁜 만남은 악업(惡業)으로 점철(點綴)되어 악의 구렁텅이로 빠져들게도 한다.

좋은 사람은 좋은 사람끼리 나쁜 사람은 나쁜 사람끼리 만나기도 하고 헤어지기도 한다. 좋은 사람들끼리는 아름답게 서로 당겨주고 밀어주어 서로 믿음이 가득해 웃음으로 헤어짐을 아쉬워하며 손을 흔들지만, 나쁜 사람끼리는 못 믿어 하며 서로 배신하고 얼굴을 붉히면서 상대를 헐뜯으니 인사도 없이 갈라선다.

어쩌면 '끼리끼리'란 말은 이러한 일들을 두고 하는 말일 것이다.

유유상종(類類相從)이란 말이 참 어울리는 말이 아닌가 생각된다. 그 사람을 알려면 그 사람의 친구를 보라는 말도 있다. 이도 만남의 중요성을 한 번 더 강조한 말일 것이다.

우리는 많은 사람들이 일생을 사는 동안 어느 한순간에 자기의 운명을 결정하는 만남을 가지는 것을 보게 된다. 만나지 말아야 할 사람, 만남 만나서는 안 될 사람과의 만남은 더 큰 불행을 가져다준다.

길

세상에는 길이 참 많습니다. 발톱 갈라진 네 발 가진 멧돼지가 새끼를 여러 마리 거느리고 아무리 다녀도 길이 되지 않던 산 여러 곳이 사람이 한번 지나고 또 지나가면 길이 되는 그 길과 이 골목, 저 골목도 있습니다. 좁은 길, 넓은 길도 있습니다. 울퉁불퉁 자갈길도 삐딱빼어 딱 비탈길도 있습니다. 오르락내리락 산길도, 삐까 뻔쩍 융단 길도 있습니다. 시원하게 뻥 뚫린 4통8달 승차감 좋은 아스팔트 포장 길도 있습니다.

이 많고 많은 길 중 어느 길이 좋은 길이며 어느 길이 그렇지 않은 길일까요? 길에 무슨 좋고 나쁜 길 있겠습니까? 용도에 따라 기능이 다르지만 딱 한 가지 길이라 만들어 두었는데 하루 한 사람도 다니는 사람이 없다면, 아니 각종 선전물이나 광고물을 부착하고 선전하는 데 더 잘 이용된다면 길이기보다 벽보판일 것입니다. 더욱이 오르락내리락 육교라 관절염, 척추협착증, 신경통 등 각종 성인병으로 고생하시는 노인들 계단을 오르면 힘들고 괴롭고 아파하십니다. 이는 길로서 가치가 없어 많은 돈 들여 애초에 만들지 말았어야 할 육교이니 나쁜 길이라 해야 할 것입니다. 어떻든 가야 할 길이라면 가지 않을 수 없는 길이기도 합니다. 바쁜 일로 가는 사람은 뻥 뚫려 싱싱 달릴

| 산엔 오솔길도 있습니다 |

수 있는 승차감 좋은 넓은 아스팔트 포장 길이 좋을 것이고, 유유자적하며 사(死)는 무엇이며 생(生)은 또한 무엇인가 하며 온 우주를 가슴에 품고 인간의 고민을 송두리째 짊어진 채 명상에 잠겨가는 사색인에게는 울창한 숲 속 오솔길이 제격입니다. 어업으로 살아가는 사람들에게는 바닷길이 삶의 터전이기도 하고 하늘을 나는 비행기는 사람이나 짐승은 걸어서 갈 수 없는 구름 속에서도 허공중에 길을 만들어 가기 마련입니다. 어느 길로 가는 것이 맞는 길이며 옳은 길인가? 그야 길 따라가는 길 무엇 때문에 가는가 알고 바로 가는 길이 옳은 일이지요.

걷고 달리고 버스 타고 자가용 · 비행기 타고 가는 길이 있는 반면에 말은 같은데 뜻이 전혀 다른 길 또한 있습니다. 물질의 이동을 위하여 만들어진 길이 아니고 인간의 길, 즉 도리(道理). 바꿔 말하면 사람으로서 살아가면서 지켜야 하는 길도 있습니다.

곧 태어날 남산만 한 배를 안고 산고(産苦)로 신음하며 뒤뚱 이는 산모는 산부인과로 가는 길이 당연한 것이며 온갖 세상 풍파 다 겪고 마지막 긴 병고로 신음하다 이승을 하직한 죽은 사람은 화장장으로 가

| 모든 것 다 주고 간 600여 년 된 고목 |

는 길이 옳은 길입니다. 공무원은 국민을 섬기러 가야 하고 선생님은 학생을 가르치러 가야 하며 정치하는 이는 국리민복을 최우선에 두고 가야 합니다. 이게 어긋나서 공무원이 국민을 부리려 하고 선생이 학생들을 가르치기보다 자기 잇속 챙기려 빨건 띠 매고 데모를 합니다. 신뢰할 수 있는 여론 조사에서 언제나 직업군(職業群) 꼴찌인 파렴치한이 많은 집단인, 정치인 아무리 얼굴 붉히는 일에 이력이 났다 해도 지금 세상에는 달라져야 하는데도 옛날과 같이 사리사욕(私利私慾)에 눈이 먼다면 나라든 사회이든 되는 일 없지요.

길 따라가는 사람 다 목적이 있어 갑니다만 어떤 경우에는 길인지 모르고 가는 사람도 있고, 몽유병자같이 비몽사몽간에 정신없이 길이 있으니 가야지 하면서 가는 사람도 있으며, 또 할 일 없이 가는 사람도 더러 있습니다. 그러나 개중에는 자기가 가야 할 길이 아닌 길인 줄 뻔히 알면서 마음먹고 작정하고 계획하고 가는 사람도 있습니다.

사람들 중에 문제가 되는 사람은 바로 자기가 가야 할 길을 가지 않고 가지 말아야 될 길 가는 사람들입니다.

이 길이 자기가 갈 길이라고 생각하면서 과속도 추월도 없이 묵묵히 가는 많은 사람들이 나라를 지탱하는 기둥이지요. 길인지 아닌지 모르고 가는 사람 더러 있습니다만 이들은 가더라도 별반 문제될 것이 없지요. 왜냐하면 이런 사람들은 옆에서 조금만 가르쳐 주어서 금방 길이 아님을 알게 해 돌아 나오게 하거나 다른 바른길로 가게 하면 되기 때문입니다. 그러나 마음먹고 작정하고 계획하고 가지 말아야 할 길이라는 사실을 뻔히 알면서 가는 사람들이 정말 문제인 것입니다.

아무리 뻥 뚫린 승차감 좋은 아스팔트 포장 길을 좋다고 해도 바쁜 사람이 브레이크 없는 벤츠를 몰고 씽씽 달려 본다고 생각해 보십시오. 이 짓은 자기도 죽고 남도 죽이는 길이 되고 마는 것 아닙니까? 더군다나 브레이크 없는 것 뻔히 알고 작정하고 몰고 나왔다면 아주 큰 사고 칩니다. 그렇다고 뻥 뚫린 승차감 좋은 아스팔트 포장 길을 사색한다면서 어슬렁거리다가는 이 세상 사람 아니지요.

마음먹고 자기가 갈 길 아닌 것을 알면서도 가는 사람들 중 큰 놈은 큰 사고치고 자그마한 놈은 조그마한 사고를 칩니다. 자기 혼자 소매치기 하는 놈은 부스러기 쌈짓돈이나 축내지만 이것저것 머 거창한 것 맡은 놈은 온통 나라를 결딴내기도 합니다. 그래서 머리만 좋아서는 되지 않지요. 좋은 머리 삐딱하면 더 큰 사고 칩니다. 인성 교육을 강조하는 이유도 여기에 있습니다.

바라옵니다. 뭐 이런 사람 없나요? 머리도 썩 좋고 공부도 열심히 해서 석박사 다 따고 거기다 마음 좋고 심성은 곱고 의협심은 강하고 정의롭고 불의를 보고 참지 못하는 사람, 결단력 있고 대의(大義)를 중히 여기는 갖출 것 다 갖춘 우리 시대 영웅 없나요? 하루 이틀, 한두 달, 일이 년이 아니라 제 목숨 다하는 그날까지 나라 생각하고 나라 사랑하는 바른길 가는 우리 시대 영웅 말입니다.

걸어가고, 달려가고, 타고 가고, 업고 가고, 이고 가고, 함께 가고, 같이 가고, 놓고 가고, 가지고 가고, 욕심 많게도 이것저것 온갖 것 다 가지고 가려다 종래는 다 놓고 빈손으로 가는 인생 마지막 길도 있습니다. 이 길 저 길 길 따라오다 보니 이 마지막 길까지 와 버렸습니다.

길에 아침 출근길이 있고 저녁 퇴근길이 있습니다. 길에 인생이 있고 길에 모든 것 다 있습니다. 길은 파인 데 메우고 솟은 데 낮추고 관심 가지고 돌보면 길 다운 길, 길로서 가치가 있는 길로 다시 만들어집니다. 인생의 길도 마찬가지가 아닐까 생각합니다. 조금 모자란다 해도 관심 가지고 돌봐주고 칭찬해주고 보살펴주고 지원해주면 대개는 바른길 갑니다.

아무리 좋은 길이라도 제어장치(신호등, 차선 표시, 중앙분리대, 교통 보조 시설물) 등 흐름을 원활하게 하는 장치(신호등, 방향 지시등)는 있어야 합니다. 인생의 길에도 참고 견디며 인내하는, 이해하고 용서하며 보듬어주며 겸손할 줄 아는 마음처럼 길거리 신호등과 같은 제어장치를 가져야 합니다.

사람의 길을 가느냐 짐승보다 못한 길을 가느냐는 자기가 어떻게 하느냐에 달렸지만 주의의 관심도 또한 무시할 수 없습니다. 교육하고 베풀고 배려하고 관심 가지고 길 보수하듯 하면 바른 길 좋은 길로 다시 만들어집니다.

그러나 종래(從來)는 "사람아, 너는 자유인. 옳고 그른 것을 분별할 줄 아느니만큼 선택은 너 자신이 하여야 하며 책임 또한 자기 몫임을 알아야 한다." 라는 말씀과 같이 하느님이 인간에게 준 자유는 의지의 산물이니만큼 잘 쓰고 못 쓰는 것 또한 자기 책임입니다.

고급스런 경쟁

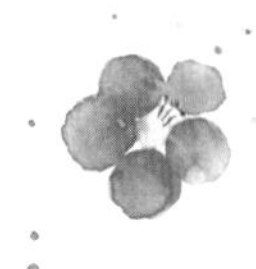

가을 어느 날 바람도 한결 싱그러운 한낮 노란 은행나무 잎이 아름답게 물들여진 나란히 가로수가 줄이 되어 서 있는 그늘이 두터운 긴 인도를 걸어가노라면 금방 조금은 차가움을 느낍니다. 자연히 이번에는 햇빛 속을 옮겨 걸어가면 이번엔 또 조금은 덥다 싶은 생각이 듭니다. 그러다 보면 나무 그늘과 햇빛 속을 번갈아 가며 걸은 자신을 보게 됩니다. 인간의 마음은 참으로 간사합니다. 이것뿐만이 아닙니다.

어제까지만 해도 덥다며 산이나 바다로 더위를 피해 가더니 며칠 지나지 않아 아침저녁 조금만 날씨가 변하여도 금방 성큼 가을이 왔다며 야단법석입니다.

그뿐만이 아닙니다. 조금 전까지 죽일 놈 살릴 놈 하면서 들끓는 여론도 삼 일 가지 않습니다. 언제 그랬느냐 하면서 아무 일 없는 것같이 표정을 바꿉니다. 이를 두고 냄비 현상이라고 합니다만 진득하지 못하며 금방 짜증을 내며 이러 저리 옮겨 다니는 모습은 현대인의 참을성 없는 모습의 한 단면이 아닌가 생각됩니다.

육체적으로 단련되지 못하면 정신도 해이해져 모든 것에 참을성이 없어지고 성급하며 일그러지며 분노하기 마련입니다.

이러한 모습의 현대인에게 매스컴이란 괴물이 한 술 더 떠서 부채질

하면 혼란은 걷잡을 수 없어집니다.

아무것이나 다 국민의 알 권리를 주장하면서 알리지 말아야 할 것 알릴 필요가 없는 것까지 알려 경쟁을 부추깁니다. 예를 들면 비가 좀 많이 와서 배추나 상추 등 반입이 조금 늦어 다소 오른 것 가지고 천정같이 오른 배추 값 서민 가계에 주름살지고 대문짝같이 특필하고 또 방송은 무슨 큰일이나 난 것같이 아침저녁 연일 보도하며 마트나 시장이다 줄 선 몇 사람 찍어 내보내니 이러다간 우리 집은 김치 구경도 못 하겠구나 하면서 너도 나도 경쟁하게 만드는 것입니다. 그냥 두면 사람들이 모르고 시장에 가서 배추 값을 물어보고 좀 올랐다 싶으면 오늘은 김치를 담그지 말고 헐한 다른 것으로 반찬을 대신하고 다음 내릴 때 사야지 하면서 스스로 먹을거리를 조절할 텐데 말입니다.

당장 김치 안 먹는다고 입에 털이 나는 것도 아니고 죽는 것도 아닌데 말입니다. 이것을 다중매체의 역기능이랄 수도 있을 것입니다. 얼마 전 후쿠시마 원전 사고 시에도 가만히 있는 천일염(天日鹽)이 하루아침에 귀족이 되었지 않습니까. 그때 천일염 사지 않는다고 영원히 못 사는 것 아니지 않습니까? 지금쯤(2011년 12월) 천일염을 사서 장을 담가도 아무 지장이 없는 것 아닙니까?

지금 나도 필요하지만 많은 사람들이 사려는 것을 보니 나보다 더 필요한가 보다, 나는 좀 있다 다른 사람들이 다 사고 난 후 천천히 사자, 조금 늦다고 장 못 담는 것도 아니니 말입니다. 이렇게 생각할 것인데 매스컴이 촐랑거리다 보니 뭐 이것 큰일이구나. 지금 사지 않으면 영원히 못 사는 것이다 착각마저 일으킬 정도이니 사재기다 하며 널뛰기 현상이 벌어진 것 아닙니까? 어디 이것뿐입니까?

몇 사람이 거리로 나와 몇 마디 구호를 외친다고 마이크를 들이대고 인터뷰를 하니까 하루아침에 자기가 무엇을 한 것 같이 우쭐하여지고 우국지사나 된 것 같은 착각에 자기도 모르는 사이에 온통 난리를 피우며 슬그머니 콧대가 높아지게 됩니다. 그래서 또 보고 듣는 사람들은 무슨 일 있는가 싶어 기웃거리기도 하고 가담하기도 하며 수가 불어날 수도 있습니다. 조금은 소란스럽더라도 가만히 놔두고 보세요. 아무도 관심 갖지 않고 있으면 제풀에 지쳐 그만두기 마련입니다. 이럴 때는 무관심이 최고의 약이다 그 말입니다. 그리니 앞으로 매스컴 좀 생각을 해서 보도하면 안 될까요? 국민의 눈과 귀를 막으라는 얘기는 아니고요, 어느 것이 진정 국민을 위하는 것인지 생각해보고 말입니다.

일부 정치인은 입만 열면 국민과 함께 국민의 이름으로 국민의 뜻을 받들어 라고 얘기를 합니다만 지나고 보면 다 엉터리인 것을 어디 한두 번 봅니까? 이러한 정치인 닮지 말고 경쟁도 좀 고급스럽게 할 수 있도록 하면 안 될까요?

예를 들면 자선이나 봉사 희생 사랑 나눔 등 나 자신을 위한 것이 아니라 내 이웃을 위한 일 나보다 못한 사람들에 대한 배려 즉 누구는 어디에 얼마를 기부했는데 누구는 희생을 몇 번 했는데 누구는 고아원에서 빨래를 몇 번 했는데 양로원에 가서 할아버지 할머니 말동무가 되어드렸는데 이러한 고급스러운 경쟁은 왜 하도록 유도하지 않습니까? 인간이 인간다울 수 있는 것은 이러한 경쟁에서입니다. 사회가 전정으로 발전하고 더욱 선진국으로 가는 지름길은 이러한 고급스러운 경쟁이 진정한 경쟁의 의미로 자리매김할 때가 아닌가 생각됩니다. 선하고 착하고 아름다운 일들을 하는 사람들을 시리즈로 엮어 방송을 한 번 해보세요. 너도나도 경쟁하듯 서로 하려 할 것입니다. 악한 사람들도 이러한 보도에 접하다 보면 아니 하루도 아니고 연일 계속하다 보면 중독이 되어 아! 나도 이래서는 안 되겠다 나보다 못한 저 사람도 저렇게 좋은 일 하고 사는데 내가 이래서 되겠는가 반성하며 착하고 선한 사람으로 변할 수 있을 것입니다. 사회는 서로 보고 배우며 살아갑니다. 좋은 사람 속에서 함께 살면 좋은 사람 되기 마련이고 나쁜 사람이 우글거리는 곳에서는 좋은 사람이 되기는 어렵습니다.

아줌마들의 모임도 들여다보면 착하고 선하고 아름다운 분들의 모임에서는 항시 서로 격려하며 조그마한 것이라도 서로 나누어 주려하고 집에서나 사회에서 자기들이 한 일들 중 좋은 일 아름다운 일들을 서로 공유하며 깔끔한 찻집이나 음식점에서 검소하게 음식을 나누는 모습을 볼 수 있습니다. 다음에는 어떠한 것들을 가지고 의논하여 도울 수 있는가를 서로 다짐하며 헤어집니다. 이와 반대로 그렇지 않은 이들의 모임을 들여다보면 누구는 애인이 몇이며 무슨 선물을 받았고 어디에서 몇 번 육체와 정신이 혼미할 정도로 관계를 가졌으며 온통 먹고 마시면 쾌락과 향락에만 정신을 놓은 모임이 있음을 우리는 알고 있습니다.

주위를 돌아보세요. 과연 나는 어떤 사람이며 내 주위에 나와 함께 호흡하는 사람들은 과연 어떤 사람인가를 연탄을 손바닥 위에 올려놓으면 검어지기 마련입니다. 그러다 보면 갈 수 있는 곳은 가서는 안되는 큰집일 수밖에 없습니다.

그러한 사람들과 만난다면 바로 관계를 끊으세요. 그 길이 자신을 구하는 길입니다. 계속 그 길 가시길 고집하면 큰집으로 가실 수밖에 다른 도리가 없습니다. 더욱 가족 아니 자식들이 본을 보기 마련입니다. 그 길 따라가기 마련입니다.

작은 고통 하나님 큰 사랑

술 담배 끊은 이야기

지나온 세월 돌이켜 생각해보면 하나님께 감사한 일 어디 한두 가지이겠습니까? 마는 그중에서 하나님의 큰 사랑이 없었다면 아마 저는 오래전에 이 세상 사람이 아닐 것입니다. 제 나이 한창일 때 34세 전후의 일입니다. 그 시절에도 담배가 인간에게 해롭다는 것은 알았습니다만 지금과 같이 많은 사람들이 잘 알 수 있도록 정보는 제공되지는 않았습니다. 더욱 흡연에 대해서 지금과 같이 금연구역을 지정하거나 엄격하게 규제하는 등의 제한 조치가 또한 많지 않았습니다.

여기저기 장소를 가리지 않고 흡연은 당연시되었으며 처음 만나는 사람과 인사를 나눌 때에도 담배 한 대를 권하는 것으로 서로 인사를 대신하던 시절이었습니다. 그러다 보니 담배는 인사였고 대화였고 마음이며 오고 가는 정이었습니다. 어떤 의미에서는 생활의 일부분이었다 해야 할 시대이었습니다.

사무실에서도 흡연은 당연시되었으며 여직원들은 아침 출근과 동시에 담배 재떨이를 씻어 책상에 얹어두는 것으로 하루 일과를 시작했었습니다. 당시 저는 어떤 재벌 기업체 중견간부 사원으로 근무하고 있었습니다. 하는 일이 회사 전반을 관리하는 일이었습니다. 그러다 보니 사람들을 많이 만나게 되었습니다. 담배를 즐겨 피우던 때라 자연히 이 사람 저 사람 만나서 한 대 또 한 대 피우다 보니 하루 두 갑 정도는 쉬이 없어지는 것이었습니다. 애연가라기보단 중독되었다 해야 할 것입니다. 아침에 일어나 머리맡에 놓아둔 담배를 입에 물고 화장실에 갔을 정도이니 가히 중독을 알 수 있을 정도 아니겠습니까?

목이 좋지 않은 상태에서 흡연은 편도선염으로 이어져 이비인후과를 찾는 횟수가 잦았으며 약을 복용하기 일쑤였습니다. 그런 어느 날이었습니다. 같이 성당에서 함께 레지오(기도와 활동을 함께 하는 단체)를 하시는 형제분으로부터 주 이비인후과 원장님을 소개받았습니다. 이런 저런 얘기를 나누다 편도선염(扁桃腺炎)으로 병원을 자주 찾는다고 말씀을 드렸더니 자기 병원으로 한 번 찾아오라는 것이었습니다. 편도선염으로 많은 고생을 한 터라 마음을 먹고 병원을 찾아가서 원장 선생님께 진료를 받았습니다. 입을 아– 하며 크게 벌리게 하고 진찰을 하시더니 원장 선생님 말씀이

"시몬(천주교 세례명) 씨 하루 담배를 얼마나 태우시지요?" 묻는 것입니다.

저 입안을 보시고 니코틴 낀 것 하며 양치질을 했다 하나 담배 냄새며 아마 기분도 언짢지 않았나 생각이 들더군요. 어물쩍하며

"아마 하루 한 두 갑 정도는 안 될 것입니다만 많이 태웁니다."

하고 죄송해하며 말씀드렸더니 원장 선생님 말씀이

"시몬 씨 원인은 담배 때문입니다. 담배를 끊고 나면 편두선염 때문에 병원 찾는 일은 아마 없을 것입니다."

"내가 약속을 하지요 속는 셈 치고 담배를 한 달만 끊어보세요"

하시는 것입니다.

"한 달 끊고 나도 편도선염이 생긴다면 그때 또 피우시든지 하시고"

“내가 약속을 하지요” 하시면서 거듭 담배를 끊기를 당부하시는 것입니다. 그때 저는 보름에 한 번 정도 편도선염 때문에 병원을 들락거리고 있을 때였습니다.

그렇게 하겠습니다며 덜렁 약속을 했습니다. 같은 신앙인으로 원장님과의 약속은 지켜야 했습니다. 아니 그보다 자신의 건강을 지켜야 했습니다. 담배를 한 보름 피우지 않았는데도 집에 들어가면 아내의 태도가 전과는 다른 것을 느꼈습니다. 많지 않은 나이인데도 전에는 내가 가까이 가는 것을 무척 꺼리는 눈치였는데 어느 날부터인가 그러한 몸짓은 없어졌습니다. 거 참 이상하다 생각하면서 넌지시 아내에게 물어보았습니다. 아내의 말이 술 먹고 들어오는 날은 과히 술과 담배 냄새 거기다 양치질도 하지 않고 막무가내로 달려들면 죽을 맛이라는 것입니다. 오물 그 자체라고 말하는 것입니다. 지금까지 많이도 참아 왔구나 하는 생각이 들기도 하고 너 나 할 것 없이 이런 행동이면 어느 아내가 좋아할 것인가? 생각이 들더군요. 미안하기도 하고 지금까지 내 행동이 참 잘못했다는 느낌은 나로 하여금 금연에 대해 더한층 각오를 다지는 계기가 되었습니다.

담배를 피우지 않으면 좋은 것은 건강뿐만 아니라는 생각이 들었습니다. 이렇게 좋은 것을 왜 진작 끊지 않았나 생각이 드니 더욱 피우지 않아야 하겠다는 생각이 굳어졌습니다.

그러다 한 달이 지났습니다. 목에 아무 이상이 없었습니다. 원장 선생님 말씀이 맞는 것일까? 또 한 달이 지났습니다. 괜찮은 것입니다. 금연이란 높은 산 정상이 보였습니다. 저 정상에 올라 마음껏 푸른 하늘을 봐야지 하는 생각이 들었습니다. 두 달이 지나고 주원장 님을 찾아갔습니다.

주원장 님 말씀이

"어떻게 왔느냐" 하시면서 원장실로 저를 데리고 들어갔습니다. 원장 선생님은 자신에 찬 목소리로

"시몬 씨 고맙다고 인사하려 왔지" 하시는 것입니다.

"선생님 말씀 그대로입니다 고맙습니다." 하며 머리를 깊숙이 숙였습니다.

주원장 선생님은 "농담이고 하시면서" 자리에 앉기를 권하며 짧은 시간 이런저런 얘기를 나누다 "이젠 편도선염 때문에 병원 찾을 일은 아마 없을 것이다" 하시는 원장 선생님의 목소리를 뒤로하고 회사로 돌아왔습니다. 그 후 저는 그룹 내 사간(社間) 전출로 그곳을 떠나 대구에서 30여 년이 지난 지금까지 세월을 보내고 있습니다만 주원장 선생님 말씀대로 편도선염 때문에 병원을 찾은 일은 그 후 한 번도 없었습니다. 이것은 천주교 신자로 더욱 레지오 단원으로 열심히 산 삶에 대해 하느님이 저에게 주신 첫 번째 사랑의 선물이 아닐까 말씀드려 봅니다.

두 번째 하느님의 사랑은 이렇게 저를 초대했습니다.

어느 여름날이었습니다. 조그마한 텃밭에 오이며 상추 고추며 재배하고 있었습니다. 이른 아침에 김을 매려 밭에 갔다가 그날은 왜? 모기가 그렇게 많은지도 모르고 정신없이 일을 하다 배 부분을 모기에게 심히 물려 가렵고 벌겋게 부어올랐습니다. 손으로 문지르고 나니 더욱 가렵고 하여 병원을 찾아 주사 한 대를 맞고 연고를 바르니 괜찮아지더군요. 며칠 지났습니다. 모기에 물렸던 일은 까맣게 잊고 친구와 어울려 맥주에 소주를 요즘 말로 폭탄주로 거하게 취하였습니다. 하루 이틀 잘못되려고 그러한지 그때는 이상하게도 연 삼일 술 먹을 일이 생기더군요. 삼일 계속 대취했습니다. 삼 일째 되던 날 아침에

등이 가렵고 하여 옷을 벗고 아내에게 등을 보라 하니 아내가 깜짝 놀라는 것입니다. 왜 그러느냐 하니까 아내 말이 온 등이 문신을 새겨놓은 것 같이 빨갛게 그림을 그려 놓았다는 것입니다. 화들짝 놀라 인근 피부과에 갔습니다. 원인이 무엇인지 알아야 한다면서 무슨 반응 검사를 한 결과 원인이 먼지와 진드기라 하시면서 며칠 다니라 하시면서 주사를 놓더군요. 이렇게 한 삼 일 다니니 좋아져 일 주일분 약을 받아 가지고 와 복용했습니다. 일주일 지나도 괜찮았습니다. 또 한 달이 지나도 두 달이 지나도 두드러기란 놈 나타나지 않더군요. 이렇게 석 달이 지나도 괜찮았습니다. 이젠 두드러기란 놈에 대해서는 잊어버렸습니다.

그러다 어느 괜찮은 음식점에서 친구와 어울려 석 달 만에 술을 입에 대었습니다. 한 잔 두 잔 거기다 전에 습관대로 맥주에 소주 폭탄주로 거하게 취했습니다. 집에 와 잠자리에 들었습니다. 새벽녘이었습니다. 소변도 볼 겸 몸이 근질근질하여 화장실에 갔습니다. 볼일을 보고 손을 씻고 무심코 거울 보았습니다.

목이 가려워 손을 목으로 가져가며 턱 아래 가슴 부문이 제 시야에 들어왔습니다. 이젠 빨강 문신 같은 그림이 목 부문부터 가슴 전반에 그려져 있으며 영어 알파벳 (alphabet) C자형을 하고 있었으며 가렵기는 한층 더 심했습니다. 후회막급이었습니다. 그때부터 지금까지 약을 먹으면 좋아졌다가 먹지 않으면 또 나타나고 반복하는 것입니다.

동네 피부과 의원은 물론 대구에 있는 이름난 피부과 의원은 한곳도 빼지 않고 다녔습니다만 낫지 않았습니다. 대학병원 심지어는 서울에 있는 유명 종합병원을 무려 7개월 동안 보름마다 올라가 치료해도 나을 기미를 보이지 않는 것입니다. 그러기를 5여 년 술은 이젠 입에 대지도 않습니다. 제사 후 음복주도 한 잔 하지 않습니다. 모임에 가면 술을 못 먹는 사람으로 여깁니다. 권하는 친구도 없고 으레 건배는 물 아니면 사이다로 합니다. 이렇게 변했습니다.

주위에 있는 친구며 지인 중에 젊었을 때 저와 함께 질편 걸렸던 분 중 더러는 술 때문에 술병{ 술을 평소 즐기기는 하나 멀쩡하던 사람이 돌연사(死)하는 경우 이는 술로 인한 급성 뇌 질환이나 심장 질환은 아닐까요? 더러는 술로 인한 후유증으로 병원 신세를 지는 분명한 환자도 봅니다} 에 하느님 나라로 급히 가는 경우를 요즘은 가끔 봅니다.

이러니 술을 끊게 하신 저에 대한 또 한 번의 크신 하느님의 사랑을 느낍니다. 젊을 때 담배를 끊지 않았다면 지금은 이 세상 사람이 아닐 것이며 그리고 두드러기란 놈의 더부살이가 없었다면 세월 흘러 기력이 소진해진 지금 술로 인한 또 다른 무슨 불상사나 좋지 않은 일로 마음이 괴로워하지 않았을까? 아니 죽음에 이르게 하지 않았을까? 생각하니 하느님께서 특별히 저를 어여뻐하시어 저에게 주신 은총의 선물일 것이다. 생각하면서 이젠 두드러기란 놈이 한집에서 가시나무처럼 비켜 살며 수년 동거해 왔습니다.

지금쯤 슬며시 사라져도 마냥 기쁠 것이며 두드러기란 놈이 없어져도 술과는 인연이 다시 이어지지는 않을 것이다 자신하면서 약간은 고통이 따르는 두드러기로 하여금 술에서 해방토록 하신 하느님의 사랑을 깊이 느끼면서 감사를 드립니다.

두 번째 하느님의 사랑은 이런 방법으로 저를 초대했습니다. 하느님의 심오(深奧) 한 사랑 법을 깊이 느끼면서 감사한 마음으로 살아갑니다.

선진국
그 아무 나라나 되는 것 아니다

제2차 세계대전(1939~1945년)을 일으킨 독일 일본 이태리 등 3개국이 패망한 지도 어언 70여 년이 넘어 많은 세월이 흘렀습니다. 전승국 영국과 프랑스보다도 독일과 일본이 경제적으로 더 발전하여 세계 제3.4위의 경제 대국이 되었습니다. 유럽에서는 선진국으로 발전한 독일은 유럽의 경제위기에서 리더(leader) 국으로 유럽 전체 경제위기를 극복해야 하는 책임 있는 국가의 모습으로 바뀌었으며 일본은 그 패전 속에서도 눈부신 성장으로 최근에는 경제 규모에서 중국에게 2위의 자리를 넘겨주었습니다만 개인 소득에서는 중국은 아직도 일본을 따라가기는 요원한 모습으로 누구나 다 인정하는 일등 국가로 자리매김하고 있습니다.

독일과 일본은 어찌하여 무엇 때문에 경제 대국이 되었으며 선진국으로 발돋움한 것일까요? 그 원인은 무엇이며 어떻게 하여 이룩한 것일까요? 한번 생각해 봅니다. 오래전에 독일로 유학을 가셨다 오신 어느 신부님께서 독일인의 정직성을 우회적으로 표현하신 말씀이 일리가 있어 소개할까 합니다.

어떤 모임에서 유희 삼아 우리 유학생들이 맥주병 마개를 일회용 라이터로 뻥뻥 소리를 내가며 따는 것을 보고 파란 눈동자를 이리저리

굴리며 신기하게 여기며 박수를 칩니다. 우리 학생이 한 발 더 나아가서 나무젓가락(양쪽이 붙어있는 것을 떼지 않은 상태)으로 뻥뻥 소리를 내며 따는 것을 보고는 경이의 눈으로 바라보면서 우레와 같은 박수를 보내는 것입니다. 저들은 도저히 해 보지도 않았지만 할 수도 없다는 모습이었습니다.

우리나라에서는 흔히 존재하는 길거리 포장마차나 간이식당 아니면 더 큰 회관에서도 병따개(오프너)가 없으면 한 두 사람은 능히 라이터 또는 숟가락 심지어는 나무젓가락으로 호기 있게 뻥뻥 병마개를 쉽게 따는 것을 볼 수 있으며 어느 누구도 신기하게 여기지는 않습니다.

독일 사회에서는 이러한 모습은 눈을 씻고도 찾아볼 수 없다는 것입니다. 한 눈 팔지 않고 정도를 중히 여기며 답답할 정도로 융통성이 없다는 얘기도 됩니다만 그만큼 원리 원칙을 중히 여기며 표준을 규격을 규칙을 지킨다. 다른 말로 표현하면 정직하다고 할 수 있겠습니다. 일회용 라이터 또는 숟가락 심지어는 나무젓가락으로 호기 있게 뻥뻥 병마개를 쉽게 따는 것이 정직과 무슨 상관이 있겠습니까마는 이는 원리 원칙을 중요시한다는 우회적인 표현일 수 있습니다.

이웃 일본은 또한 어떻습니까? 정리정돈을 잘하며 질서 정연하며 타인을 배려하는 마음 즉 나 한 사람보다는 공공의 이익을 더 중히 여기는 민족이라 생각이 듭니다.

일본 여행 중에 그들은 과연 어떨까? 동네 구석진 골목은 어떨까? 아침 청소부가 청소하기 전 적나라(赤裸裸)한 모습을 보기 위하여 이른 아침에 도시의 뒤 골목을 걸었습니다. 역시나 내가 듣던 얘기와 같이 골목은 깨끗했습니다. 우리들 주위에서 흔히 보아온 담배꽁초나 종이 나부랭이 한두 개 정도 보일까 거의 없었습니다. 그들 삶의 모습을 볼 수 있었으며 한눈에 삶의 지혜가 뒷골목에까지 자리하고 있었습니다. 정말 무서운 민족이라는 생각을 떨쳐 버릴 수가 없었습니다.

기다림은 서로에게 유익하다. 오랜 세월 동안 시달려온 지진과 해일 등 자연재해에 단련된 숙련은 조급하다고 되는 것도 아니고 나 혼자만 살겠다며 서두르는 것 또한 모두에게 더 많은 상처만 줄 뿐 자기마저도 살 수 없다는 결과가 결국은 공동체 의식이 마음 가운데 자리하게 한 것 아닌가 생각이 됩니다. 천재지변이 일 때 인간이 할 수 있는 최대의 지혜는 기다림이라는 것을 저는 보고 배웠습니다. 더욱 지난 2011년 3월 11일 일어난 진도 9.0 후쿠시마 일원에서 일어난 지진으로 인하여 해일이 밀려와 수없이 많은 인명과 재산을 바닷물이 휩쓸어갈 때 그곳에 사시는 동부지방 주민들의 모습은 과연 어떠하였습니까? 사재기다. 새치기이다. 강탈이다. 폭력이다. 어느 부정적인 모습은 볼 수 없었습니다. 기다림의 지혜를 알고 실천하는 긴 줄이 되어서 있는 그들의 모습은 어쩌면 걸어가는 인조인간이거나 미라가 살아서 걸어가는 모습을 하고 있다 해도 과언은 아니었습니다. 긴 줄이 된 그들이 사서 들고 나오는 두 손에는 한아름의 물건은 없었습니다. 한두 개 정도의 일상 사용하는 물건만이 손에 들려 있었습니다. 일상의 모습과 조금도 다름이 없는 저 모습들 그들은 과연 무엇이 저들로 하여금 저렇게 만든 것일까? 한 번 더 생각해보는 기회를 주었습니다. 뒤 사람에게도 기회를 주는 배려하는 마음, 적고 작은 것이라도 서로 나누어 가져야 한다는 공동체 의식은 패전으로 인한 아픔 속에서도 죽고 부서지고 부족하고 망가지고 성한 것이 남아 있지 않은 더구나 두 도시에 투하된 원자탄의 불덩이 속에서도 지금의 일본을 있게 만든 원동력이었을 것이다. 단정해 봅니다.

더욱 저들의 대중매체는 호들갑 떨지 않고 국익에 반하는 보도를 자제하며 선동하지 않고 부추기지 않는 절제된 언어의 사용은 국민을 안정시키는 데 일조하고도 남음이 있겠다. 생각하면서 우리들의 보도 매체와 비교하며 우리들도 저러한 태도는 배워야지 하는 생각마저 들게 했습니다.

독일 게르만 민족과 스스로 칭하여 대화 민족 즉 야마도 민족을 중심으로 형성된 단일민족이라는 두 민족의 눈부신 경제발전과 선진국으로 진입하는 원인은 이기심을 누르고 남을 배려하며 공공선을 우위에 두며 국민의 정체성은 정직이다. 그 한마디로 요약할 수 있다 하겠습니다.

그리고 근면 성실이 뒷받침되어 지금의 두 나라가 만들어졌다 해야 옳을 것입니다. 어쩌다 두 나라 국민들의 머리가 고만고만하여 돈을 벌어 경제가 발전하고 국민 소득이 높아 선진국이 되었다. 특히 일본은 6 · 25 한국전쟁 때 전쟁 특수로 인하여 전쟁 물자를 팔아 부강하게 되었다 라며 깎아내리려 합니다만 그것만으로는 선진국이 될 수 없음을 앞의 예에서 보듯 국민의 정직성과 근면성 협동성이 그것을 증명하고도 남음이 있습니다.

정직은 믿을 수 있는 사회를 만들 수 있는 기초이며 주춧돌이며 기둥이며 대들보이며 그 모두입니다.

13억 인구의 중국은 년 7% 이상의 성장률을 기록하고 있습니다. 어떤 사람들은 저 무서운 경제 성장률을 보면서 멀지 않은 장래 즉 2030년에는 미국을 앞질러 경제 대국이 될 것이라고 합니다. 물론 그렇게 되지 않으리라는 법도 없습니다만 아닌 이야기로 되라는 법 또한 없는 법입니다. 어찌 보면 말싸움 같기도 합니다만 지금과 같이 공무원의 부정이 만연하고 부패가 횡행하며 작은 시골 마을에서도 국가기관의 큰 상층부까지 온 천지 "먹거리 입을 거리 사용할 거리 탈거리 등" 온갖 것에서 부정식품이나 짝퉁이 판을 치며 거짓이 난무한다면 멀지 않아 세계인으로부터 외면을 당할 것이며 자기들까지도 스스로 믿지 못하여 서로를 배척하는 우스꽝스러운 꼴로 바뀌고 말 것이며 이것이 족쇄가 되어 또 다른 개혁이니 변화를 시도한다 해도 먹혀 들어가지 않아 이를 극복할 힘마저 없어져 버리고 너무 많은 부정과 부패에 익숙한 나머지 스스로 무너져 하루아침에 물거품이 되고 말라는 법 또한 없지 않습니다.

원래 건설은 어렵고 파괴는 무척이나 쉬운 것이니 말입니다. 이것이 파괴의 본질이며 전쟁이 곧 파괴의 본모습입니다. 잘 나가는 기업이 어느 날 갑자기 부도가 나는 것을 종종 봅니다. 방만한 경영으로 인하여 그럴 수도 있지만 종사원 한 사람 한 사람의 누적된 잘못이 쌓여 일어나는 것이 태반입니다. 개인이나 나라 다 같습니다. 규모가 크고 작고 적고 많은 것 외에 다른 것 전혀 없습니다. 개인이나 국가 모두가 다 사람이 하는 것이니 만큼 별반 차이가 없다고 봐야 할 것입니다. 백 층 높은 빌딩을 건설하려면 수없이 많은 사람과 장비 천문학적인 돈 그리고 수년의 세월이 흘러야 가능합니다만 이를 파괴하려면 몇 분의 시간과 폭약만 있으면 가능합니다. 미국 뉴욕에서 일어난 비행기 테러(2001년 9월 11일)로 쌍둥이 무역회관이 폭삭 내려앉은 것을 우리는 우리들의 눈을 의심하며 보았습니다. 파괴의 본질을 이를 증명하고도 남음이 있습니다.

국민 하나하나가 다 정직하면 믿음의 사회가 형성되며 이 믿음의 사회에서는 모든 것이 다 물 흐르듯 하여 막힘이 없어 모든 것 다 정상적으로 운영되어 더 더는 비용 또한 발생하지 않는 것입니다. 부탁도 뇌물도 공모도 사재기도 담합도 밀어주기도 끌어당기기도 없으니만큼 생산비용 유통비용 소비 비용 마무리 비용 또한 없을 것입니다. 정상적인 비용 외에 더 더는 비용 없는 것만큼 생산원가는 낮아지고 물건은 더 팔릴 것입니다. 잘 만들었는데도 값은 떨어지고 그러니 더 잘 팔리고 하다 보면 선순환으로 이어져 경제가 활성화되며 이익은 더 많아지며 국민의 생활은 더 윤택해지기 마련입니다.

기억 저편

글을 쓸 때마다, 아니 깊은 생각에 잠길 때마다, 저 먼 기억 저 편에서 얘기하시는 선조들의 자성(自省)의 목소리를 듣습니다.

넓은 만주 벌판을 두고 반도로 내몰려 쪼그라들어 강대국의 눈치나 살피면서 전전긍긍하며 약소국(弱小國)으로 살아야 하는가를?

이렇게 말씀하십니다. 답은 둘이다.

하나는 국민 모두가 정직하면 된다.

둘은 학연 지연 혈연 학맥 인맥 혈맥 이것을 버리면 된다.

하나의 다리를 건설하는 경우를 예를 들어 말해 보겠습니다. 수주를 받기 위해서는 발주자인 공무원에게 뇌물을 주어야 합니다. 또 건설을 감독하는 힘 있는 기관에 잘 봐달라며 또 갖다 바쳐야 합니다. 또 업자끼리 너무 경쟁하면 서로가 이로울 것 없으니 담합하면서 얼마간의 담합 비용을 돌려야 합니다. 그리고 신문사나 방송국 즉 힘 있는 다중매체에도 손을 써야 합니다. 그렇지 않으면 의혹이나 징조가 있다거나 두들겨 패면 당할 자 없습니다.

그리고 때에 따라서는 손 벌리는 사회단체에도 입바른 소리 하지 못하도록 몇 푼 또 집어 주어야 합니다. 이러다 보면 이익 될 부문은 이처럼 핫바지 방귀 새듯 빠져나가 버리고 이익을 채우려니 시작부터 부실이 뻔한 공사를 시작해야 합니다.

얼마 전 신문이나 방송 보도 내용입니다만 완공한 지 얼마 되지 않은 다리가 시멘트가 다 떨어져 나가 부는 바람에도 푸석푸석 모래알 같이 날린다는 기사를 접했습니다. 뇌물도 한두 가지라야지 이러다 보니 시작단계에서부터 부실공사입니다만 그래도 감추는 데는 귀재라 색칠하고 조명등 켜고 현수막 걸고 곱게 단장하면 감쪽같습니다만 세월이 부실을 말해줍니다. 어느 날 우르릉 꽝 하며 넘어집니다. 성수대교(1994년 10월)가 그렇게 무너졌고 일 년이 지나지도 않았는데 삼풍백화점(1995년 6월) 또한 내려앉아 세계 사람들에게 낯을 들고 다닐 수 없는 지경이 되고 말았습니다. 이의 손실은 또한 고스란히 국민의 몫이 되고 말았습니다.

무엇이 잘못되었다고 하면 흔히들 토정비결이 어떻고 사주 관상이 어떻고 운세가 어떠니 하면서 뇌물 주고 속이고 감추고 나눠 먹고 뻥튀기하는 고질적인 병폐에 원인을 찾기보다 사업 외적인 곳으로 눈을 돌려 또 무마하려 한다면 반성의 기회 또한 없으니 개선의 기회도 잃게 됩니다. 정확하게 설계하고 규정대로 시행하며 성실하게 시공한다면 잘못될 일 전혀 없습니다. 천재지변 이외는 무너질 이유가 없는 법입니다.

이것저것 다 빼먹고 누더기로 깁는데 아니 무너지는 것이 이상하지 않을 수 없습니다. 이러한 사회가 그래도 많은 사람들이 허리띠 졸라매면서 불철주야 노력하여 국민 소득을 3만 불 가까이 되도록 노력하였습니다. 이제까지는 이것 끼우고 저것 떼어 메우고 하여 그럭저럭 꾸려 왔습니다만 지금부터가 중요합니다. 전에는 전쟁의 후유증으로 신음하는 한국이니까 조금은 부족해도 모자라도 비뚤어져도 세계 국가들이 한 번쯤은 봐주었습니다. 지금부터는 모든 것이 다 정상적으로 물 흐르듯 하는 사회여야 하며 국가의 모습이어야 합니다. 그래야만 세계인들과 경쟁에서 이길 수 있습니다. 그것이 무엇이겠습니까? 그리 어려운 일 아닙니다. 그것은 국민 모두가 다 정직한 사람이 되는 것입니다. 그럼 어떻게 하면 그러한 국민으로 모두가 다시 태어날 수 있겠습니까?

병지호란 때에도 임진왜린 때에도 백성은 건강했습니다. 진실했습니다. 애국심도 있었습니다. 나라에 녹을 먹던 이들이 버리고 도망을 가버린 무기를 들고 싸웠습니다. 민족의 영웅 이순신께서 목숨 걸고 싸우실 때 옆에는 힘없고 이름 없는 민초들이 함께 힘을 보탰습니다. 일본 군인들을 몰아내고 이겼습니다. 그런 백성들이었습니다. 위에서 어떻게 하느냐에 따라 이 백성들은 달라질 것입니다. 우리나라는 대통령 중심제이기 때문에 대통령이 어떻게 하느냐에 따라서 달라질 것입니다. 윗물이 맑아야 아래 물이 맑다는 우리 속담을 인용합니다. 우리나라의 정체성은 무엇인가 반문해 봅니다. 민주주의다 시장경제다 이러한 것은 부차적인 문제입니다. 우리나라의 정체성은 바로 정직한 국민성이다. 이것이 옳은 생각입니다. 국민 모두가 정직하게 되려면 어떻게 하느냐 하는 것은 여러 방법이 있겠습니다.

대통령 자신부터 솔선수범하십시오. 퇴임하시면 연금으로 일생을 여유롭게 존경받으며 충분히 사실 수 있습니다. 지금 가지고 계신 재산은 모두 사회 환원하시어 만대에 남을 귀감을 만드십시오. 엉터리도 쇼 적인 환원이 아니라 정말 환원하십시오. 그리고 바른 인성 교육에서 해답을 찾으십시오.

유치원 때부터 정직에 대한 교육 공동선에 대한 교육 삶의 가치에 대한 교육 자기가 하고 싶은 것을 하며 살아가는 교육을 하십시오. 지금의 교육은 어떻게 하면 돈을 많이 벌고 떵떵거리며 사느냐 하는 물신 교육입니다. 아니지요 교육도 아닌 돈 버는 기계를 만드는 교육이지요. 그러니 바꾸세요. 판검사나 의사만이 사람다운 삶을 사는 것은 아니다 더 나가서는 좋은 사람이 되는 교육 등 남을 돕고 배려하는 교육을 즉 인성교육에 우선순위를 둡시다. 그리고 공직자는 일벌백계(一罰百戒)하십시오. 공직자는 돈은 버리고 명예를 얻도록 하세요. 정말 깨끗한 공직 사회가 된다면 모르긴 몰라도 지금 공무원 봉급을 많이 올려 주어도 능히 가능 하리라 생각됩니다. 부정한 돈 부패한 돈 아마 많을 것입니다.

인적자원의 효율을 극대화하기 위하여 학력과 일자리의 상관관계를 연구하여 적재적소 인원을 산출하여 불필요한 학력의 낭비를 줄이도록 하십시오. 우리들 자식들이 머리가 되지 않는데도 또 싫은 공부를 억지로 하지 않아도 될 것이며 의사 판검사 아니라도 목수로 미용사로 건설 현장에서 미장일을 하더라도 섬유공장에서 직수로 살아가더라도 낮은 임금의 상당 부분을 국가에서 보전해 주는 제도 도입, 제도 보완이 필요합니다.(장기근속 때 보전하는 등 장치와 함께) 이러한 일련의 조치는 어느 누가 하더라도 해야 하기 때문입니다. 남들에게 존경받으며 살아갈 수 있는 사회가 되도록 삶의 문화를 바꿉시다. 이렇게만 되면 구태여 자질 없는 아이 스트레스 받아 가며 많은 돈 써가며 과외공부 억지로 시키지 않아도 될 것입니다. 정직한 국민 바른 사회 이는 우리나라가 선진국으로 가는 지름길이며 세계 속에서 긍지 높은 국민으로 존경 받을 수 있는 최선의 길입니다.

하나의 돌이 되어야지

우리는 어머니 뱃속에서 열 달을 채우고 이 세상에 나오면서 응애 하며 크게 울음을 터뜨리며 태어납니다. 울지 않는 아이는 살 수 없다 합니다.

왜 인간은 울음으로써 자기 태어남을 알리는 걸까요? 아닌 이야기로 응애 응애 하는 울음보다 하하 호호 하는 웃음이 한층 재미있고 긍정적이니만큼 좋은 것 아닐까 생각해 봅니다.

이 울음은 어머니 뱃속에서 안락한 삶을 살다 거친 세상 풍파에 뛰어 드니 어찌 두려움이 없겠습니까? 공포나 두려움에 대한 반사적 행동이거나 아니면 나도 세상에 나가니 참여시켜 주시오 하는 알림이나 또는 부딕의 밀이 계면쩍어서 얼버무리는 또 나른 표현의 인사는 아닐까요?

만남에는 처음이든 두 번이든 열 번이든 만날 때마다 인사가 항상 따라다닙니다. 인사를 잘하는 것도 하나의 덕목으로 평가하는 것을 보아도 알 수 있습니다. 이와 같이 이 세상에 태어나면서 신고하는 것 같이 저세상에 들어갈 때도 어떻든 신고를 하겠지요. 어떤 신고를 할까요?

생명의 탄생은 하느님의 개입하심을 전제로 하여 인간과 인간의 결합의 산물이며 죽음은 이 결합이 해체되는 것을 의미하는 것이라 여겨집니다.

결합의 산물인 생명체인 인간이 태어나면서 응애 하는 울음으로 신고를 했다면 해체인 죽음은 무엇으로 신고를 해야 할까요?

그것은 어떻게 세상을 살았는가 하는 결과물(성적표)은 아닐까요? 세상 모든 것은 결합과 해체의 연속이라 생각해 봅니다. 물리적인 결합, 이성적인 결합, 지식의 결합, 종교적인 결합, 또 어떤 단체의 결합 등은 모두가 다 일반적인 세상의 일들입니다. 만나고 만들어지고 하는 것입니다. 물론 아닌 것도 있습니다만 모든 해체(생명이 있는 것이든 그것이 무엇이든)는 필연적으로 과정과 이유와 결과가 있기 마련입니다. 생명체인 결합의 인간은 사는 동안은 과정이며 죽음에 대한 원인(병 또는 사고, 자살까지도)은 이유이며 목숨이 끊어진 상태 그 자체는 결과입니다. 어떤 과정(어떻게 살았느냐? 선하게 아니면 악하게)을 거치며 살다가 어떤 이유(원인은 병 또는 사고, 아니면 자연사, 자살까지도)로 죽었다. 이렇게 과정과 이유는 명확하지만 죽음의 결과인 사후에 대해서는 아직도 아는 것이 없습니다.

어떻든 죽음 이후 그러니까 저승에 들어갈 때는 무엇으로 신고를 할까요? 아니면 죽고 나면 아무것도 없다. 그러니 신고니 뭐니 하는 것도 없다. 이렇게 생각하시는 분도 계실 것입니다만 있다 없다 어느 하나도 이것이 정답이다 고 분명히 증명된 것은 없습니다. 다만 있다는 것을 전제로 했을 때 죽어 저승에 있는 많은 사람은 실제 그렇게 살고(저승에서의 생활) 있을 것입니다. 그러니 어떤 통로를 만들어서라도 후손들에게 알리려 했겠지만 지금까지 알릴 수 없었고 또 영원히 알릴 수 있는 방법 없을지 모르겠습니다만 종교적 이유로 해서 알아지는 날(예수 재림 시)도 있을 수 있겠다 생각해 봅니다.

그러나 지금은 알 수 없으니 안타까울 따름입니다. 그러나 우리는 죽음에 대한 수없이 많은 사람의 경험담을 듣게 됩니다. 믿든 믿지 않든 우리 주위에서는 일어났고 또 일어나고 있습니다. 사람은 죽으면 상상할 수 없을 정도로 빠른 속도로 터널 같은 곳을 지나간 후 아주 훤한 이 세상 빛과는 전혀 다른 엄청난 밝은(열이 없는) 곳이거나 표현할 수 없는 엄청 깜깜한(이 세상 어떤 어둠보다 더 깜깜한) 곳에 다다른다는 사후 세계를 경험한 분들의 증언을 듣습니다. 아마 밝은 곳은 천당이며 깜깜한 곳은 지옥이 아닐까요?

저승은 이승과는 다르겠지요. 기준이나 단위는 물론 무엇으로 살아가느냐 하는 것까지도 이 세상은 살기 위하여 먹지만 저 세상은 살기 위하여 아름다운 생각 기쁨 마음 아니 좋은 곳에 가면 자연히 그렇게 되겠지요. 우리는 흔히 끼리끼리란 얘기를 자주 하고 듣습니다. 좋은 사람은 좋은 사람들끼리 모이며 죄인들은 죄인끼리 모입니다. 신문 지상을 보면 지금 일어나고 있는 세상일들이 썩은 냄새가 온 세상을 진동시켜 성한 구석이라고는 한 군데도 없는 것같이 보이지만 그래도 눈 씻고 들여다보면 아름다운 좋은 사람들이 많이 살고 있음을 우리는 알 수 있습니다. 그래서 이 세상이 망하지 않고 잘 굴러가는구나 하고 안도하고 안심합니다.

원래 모난 돌은 튀어나와 있고 빈 깡통은 요란하며 떠벌리는 사람치고 실력 있는 사람 없고 빈 잔치가 요란합니다. 그러니 매일 신문지상을 더럽히는 각종 좋지 않은 기사가 그러한 사람이 많아서 보다는 야단법석을 떨기 때문은 아닐까요? 살고 있는 이 세상이 이러할 진데 무수한 온갖 경험을 한 사람들이 살다간 저승은 어떻겠습니까?

어떤 의미에서는 아주 이 세상과는 다른 공평하고 엄격하고 분명하며 철저하여 어느 하나 어떤 것 하나라도 어긋남이 없는 아주 완벽한 세상(저승)일 것이라 여겨집니다. 원래 심판은 이러해야 하니까요. 그러니 저승에서의 신고는 이 세상 삶의 한 과정(태어난 이후 한 모든 일과 말과 행동과 생각까지)을 스크린으로 보여줌으로 그 결과에 따라 한 점의 의혹도 없이 그대로 천당 연옥 지옥으로 자연스럽게 지남철에 끌리듯 자기 발로 걸어 들어가는 것 아닐까 생각해 봅니다.

감 놔라 대추 놔라 할 것도 없고 잘했다, 잘못했다 할 것도 없이 스스로 잘잘못을 판단하여 자기 발로 찾아 들어가는 그러한 저승 아닐까요?

이 세상에서도 지금 보면 컴퓨터라는 괴물이 일일이 기록 저장하여 한 치의 오차도 없이 결과를 도출하는 것을 보면 하느님 나라는 말해 무엇 하겠습니까. 의심하는 것 자체가 도리어 이상한 일이 될지도 모르겠습니다. 미래 컴퓨터는 인간이 생각하는 것과 같은 인공지능 컴퓨터를 만든다고 합니다만 아마 그 초기 작품이 거짓말 탐지기가 아니겠습니까? 더 나아가서는 인간의 생각까지도 알 수 있는 컴퓨터도 만들 수 있는 것으로 봅니다. 그러니 이 세상도 잘 살아야 하지만 전지전능하신 하느님 나라는 말해 무엇하겠습니까? 어떻게 살아야 할까요? 나만을 위하여 내 가족만을 위하여 이렇게 살아서는 하느님 나라에서 신고식에서 과연 어떤 평점을 받을 수 있겠습니까? 그야 애기하지 않아도 아주 빤한 것입니다. 그러니 이렇게 살아가야 합니다.

비우고 지우며 베풀고 배려하며 더 가져야만 더 많아야만 더 부자여만 "더" 자에 집착하지 말고 글자 "더" 에 "ㄹ"을 달아 "덜"자를 사랑하는 사람이 되십시오. 과한 것은 모자람만 못하다는 자연의 진리 즉 비가 많이 오면 홍수에, 오지 않으면 가뭄에 농사 망침을 알고, 과일도 부족한 듯 비가 와야 하고 햇빛은 타들지 않을 정도로 비춰야 하며 알맹이도 조금은 모자란 듯 달려야 하고 모두가 부족한 듯해야 합니다. 그래야 과일도 크고 달아 값도 많이 받고 맛이 있는 것과 같이 인간 생명도 소식(小食)이 오래 사는 비결이라 하지 않습니까?

욕심이 사람을 망칩니다. 더불어 살아가는 지혜를 가져야 합니다. 비우고 지우며 베풀고 배려하며 살려는 사람들과 더불어 징검다리를 놓는데 필요한 하나의 돌이 되어야 되겠습니다. 이 길만이 하느님 나라에서 상급을 받을 수 있을 것입니다.

하늘나라의 컴퓨터

나는 가끔 생각해 봅니다. 과학의 눈부신 발달은 인간들이 상상하는 범위를 훨씬 넘어 신의 영역(결코 신은 될 수도 없고 되지도 않겠지만) 가까이까지 발전하지 않을까 생각합니다.

예를 한번 들어보겠습니다. 지금도 도시 골목에 산재해 있는 감시카메라가 사람의 모습만을 찍는 것이 아니고 인체의 어떤 부위에 센스를 부착해 놓으면 마음까지 읽고 찍는 무한 기능을 가진 인식 카메라까지 만들 수 있을 것입니다. 이러한 인식기를 또한 무한 기능을 가진 컴퓨터에 연결해 놓으면 한 사람의 일생이 영화 스크린 같이 빠짐없이 기록될 것이며 총리나 장관을 임명하려 할 때 이 인식 컴퓨터를 돌려 지금까지 삶을 살펴보면 공과가 다 나타날 것이니 지금과 같이 청문회에서 질문이다 답변이다, 거짓 답변이다 참말이다, 티격태격할 필요도 없을 것이며 자격이 있는지 없는지 금방 알 수 있을 것이며 임명의 정당성은 두말할 것도 없이 확보될 것입니다.

인권이 어떻고 개인 사생활 보호가 어떻고 하면서 논쟁이 있을 것입니다만 이러한 기계를 만드는 기술이라면 인권이니 사생활 보호니 하는 문제는 기계가 스스로 알아서 그 어떠한 경우에도 침해되지 않는 혹 인권침해의 소지가 있다고 느끼면 스스로 보지 않는다든지 아니면 다른 어떤 장치로 지워지는 것이 아니면 기록되지 않는 아주 멋있는 컴퓨터가 만들어지지 않을까 상상합니다.

미래 세계는 이러한 기계로 인하여 범죄는 자연히 없어지는 이상향의 세상을 그려봅니다. 지금도 개인 사생활 보호 측면에서 보면 전지전능하신 하느님이시니까 남녀가 나누는 혼절의 기쁨도 하느님이 다 보실 테니 말입니다. 하느님이 지금 하늘에서 내려다보시니 어쩌나 하는 마음으로 사랑을 나눈다면 어떻게 감히 벌거벗고 부부의 정을 마음껏 나눌 수 있으며 나눈들 감히 기쁨을 느낄 수 있겠습니까마는 이러한 경우에도 마찬가지로 전능하신 분이시니까 하느님께서 스스로 눈을 감아 주신다 생각함으로 부부간 사랑의 환희를 가질 수 있지 않을까 생각합니다. 다만 이러한 사랑의 행위가 부부가 아닌 정상적이지 못한 불륜의 관계에서는 하느님은 두 눈을 부릅뜨고 노려보시지 않을까 하는 생각도 가져봅니다. 이러한 마음을 가진다면 감히 불륜을 저지를 엄두가 나겠습니까? 이러한 감시 카메라와 같은 기계에 사람이 이 세상을 살면서 어떻게 하여 연결되어 운영되는가? 한 번 생각해 봅니다.

인간이 태어나면서 응애 하는 울음소리(울지 않는 아이는 죽는다고 합니다. 아니 죽었기 때문에 울지 않는다, 하는 것이 옳겠습니다.)는 과학자나 의사 선생님들이 물리적 측면에서 아니면 신체 공학적 측면에서 울음의 이유를 밝힐 수 있고 밝혀졌을 것으로 생각합니다만 또 다른 측면에서 보면 어머니 뱃속에서 열 달 동안 안락한 삶을 살다 거친 세상에 뛰어드니 어찌 두려움이 없겠습니까? 어쩌면 응애 하는 울음은 두려움이나 공포에 대한 반사적 행동이거나 아니면 연약하지만 용기를 내어 나도 세상에 나가니 참여시켜주시오 하는 자신도 알 수 없는 알림일 수도 있지 않을까 하는 생각입니다만 다른 한편에서 보면 이 울음은 하느님! 나도 세상에 나가니 나의 행적을 지금부터 기록해 주십시오, 하면서 하늘의 만능 인식 카메라에 연결하는 신호 역할을 하지 않을까 하는 생각도 가져봅니다.(목소리도 지문과 마찬가지로 과거에도 지금도 미래에도 똑같은 사람은 없습니다.)

아직까지 울며 태어나는 짐승이 있다는 얘기를 들어본 일 없으며 유독 사람만이 태어나면서 우는 것은 아마 하느님의 특별한 어떤 계획이 있는 것이 아닐는지요? 이때부터 하느님 나라에서는 한 사람의 일생을 만능 컴퓨터(즉 하느님의 전지전능하심)에 연결하여 기록할 것입니다. 인간의 신체는 하도 오묘하여 이 울음을 신호로 하늘의 기록센터와 자동연결(현재의 컴퓨터의 성능을 보면 상상하고도 남을 그 무엇이 있지 않을까요?) 되어 고장이 없고 오류 또한 전혀 없는 기록 집합 분석 결과를 도출하여 죽음의 순간 공과가 집계되어 구차한 변명도 유,불리의 다툼도 호,불호의 감정도 어떠한 형태의 핑계도 잘잘못의 가감도 없는 완벽한 판단을 스스로 하게 하고 또 알게 하여 하느님께서 심판하시기 이전에 자기 발로 자기가 가야 할 곳 즉 천당이나 연옥 또는 지옥으로 갈 것입니다.

앞으로 인간들이 만들어 사용하는 컴퓨터도 인공지능을 갖춘다 하니 더 발전하면 만능 인식 기계 또한 만들 것으로 여겨집니다. 인간이 이럴진대 하느님께서 관장하시는 하늘나라에서는 그 어떤 것도 그 무엇도 만들 수 있고 또 운영할 수 있지 않을까 상상의 나래를 펴 봅니다만 우주의 넓이를 모르듯이 인간이 아는 것은 그저 티끌 하나만도 못하니 상상해 보는 것이 또한 부질없는 짓이라 생각하면서도 하느님의 전능하심을 인간의 머리로 어찌 조금이나마 알 수 있을까? 이러한 마음으로 삶을 산다면 어떻게 살아야 하는가는 중언부언(重言復言)할 필요가 없을 것입니다. 이러한 마음으로 이 세상을 살아간다면 아마 죄도 줄어들 것이며 아름답고 착하고 선한 사람들이 많은 살기 좋은 사회가 되지 않을까 한 번 꿈을 꿔 봅니다.

동녘 하늘이 희끄무레 밝아 오는 이른 아침, 운동 겸해 나온 '남매지' 둘레를 한 바퀴 돌면 50대 어른 걸음으로 한 30여 분 소요되는 꽤 넓은 저수지이다. 전에는 논에 물을 공급하는 것이 주 의무였으나 지금은 삶에 지친 주민들에게 휴식을 제공하며 아름답게 꾸며진 둘레를 명상에 젖어 걸어갈 수도 있으며 또 운동을 할 수 있는 여러 가지 기구가 마련되어 있어 체력단련 공간으로 한 축을 담당하고 있어 시민들이 즐겨 찾는 곳이기도 하다.

나는 매일 아침이면 이곳을 찾는다. 동쪽에는 야산과 크고 작은 건물들이 바람을 막고 꽤 높은 영남대 기숙사에서는 늦은 밤까지 꺼지지 않는 불빛은 저수지를 더욱 아름답게 꾸며주고 있다. 남쪽과 서쪽은 도로에 접해 있어 다소 소음이 명상을 방해하기도 하지만 시끄러운 경적소리만 아니면 그리 불편함을 느끼지 않고 걸을 수 있다. 둑은 넓은 압량 들을 북쪽에 두고 저 멀리 팔공산 자락까지 확 트여 있어 더없이 가슴을 후련하게 하며 사색하기 좋은 환경은 걷다 보면 밤에는 이 별에서 저 별로 온 우주를 섭렵하기도 한다.

인간은 무엇이며 또 어디서 와서 어디로 가는가? 삶은 또한 무엇인가? 생각은 나래가 되고 가슴 가득 모닥불을 지피기도 한다. 오늘도 여느 때와 마찬가지로 한 바퀴 돌고 또 한 바퀴를 더 돌기 위해 둑으로 들어서려는 내 조금 앞에 한 팔을 붙들고 느린 걸음으로 가는 두 사람을 본다. 뒤에서 보아도 어림짐작으로 한 분은 50대 중반 또 한 분은 30대 초반으로 보이는데 젊게 보이는 분이 환자복을 입고 꾸부러진 오른팔을 조금 올려 들고 왼발이 불편한 듯 절룩이며 걸음을 옮기는데 옆에 착 달라붙어서 조금 올려 들은 왼팔을 붙잡고 보기에도 지극정성의 모습으로 함께 걸어가는 동행의 참모습을 본다.

아마 젊은 쪽은 아들 되시는 분으로 뇌경색이나 뇌출혈로 사지가 불편해 재활을 위한 운동을 나온 것으로 짐작을 하면서도 어떤 사이일까? 아버지와 아들 같기도 한데 불편한 아들은 장가는 갔을까? 장가를 갔다면 아버지와 같이 살며 아이는 있을까? 아내 되시는 분은 이 아침에 집에서 시어머니와 함께 밥을 짓는 것일까? 한순간에 온갖 의문들이 내 뇌리를 스치며 지나간다. 저를 어쩌지, 살아갈 날들이 많은 나이인데 걱정을 하면서 내 걸음도 빠르지는 않지만 불편한 환자와 함께 걷는 걸음이니 쉽게 앞질러 갈 수 있는 위치에서 나는 옆으로 고개를 돌리면서 고개를 막 돌리시는 아버지뻘 되시는 분에게 머리를 숙여 인사를 보냈다. 아버지로 보이는 분도 나에게 작은 목례를 보내주신다. 한 서너 발자국을 내디디며 성호를 그으며 하느님 아버지 이들 부자에게 은혜를 베푸시어 옆에 함께 걷고 있는 아드님 원래의 모습을 찾게 해 주소서, 기도를 드린다.

내 마음은 하늘을 향하면서 올려다본 아침 허공에는 여느 하늘과 다름없이 세상일에는 하등 관심이 없는 듯 여러 조각의 구름만이 오고가며 어제의 그 하늘과 별반 차이를 느끼지 못한다. 앞서 걸어가는 내 마음은 여전히 편치 못하다. 어디 이 세상에 불행한 사람들이 뒤에 오시는 저분 둘 부자뿐일까 마는 지금은 저렇게 불행해 보이는 저 두 분 부자, 아들 되시는 분이 마음을 다잡아 꾸준한 재활 치료와 지금과 같이 아버지의 정성 어린 간호가 효력을 발휘하여 시간이 지나면 나 언제 그랬느냐며 훌훌 털고 일어날 기쁜 날도 있을 것이다. 많은 사람은 자기에게는 불행이 찾아오지 않을 것으로 생각한다. 나에게는 불행은 없을 거야 하면서 그러다 어느 날 생각지도 않은 불행이 찾아오면 나는 그렇게 잘못 산 적도 없는데 왜 하느님께서 나에게 이러한 시련을 주시지 하면서 따지기도 하고 대들기도 하다가 어떤 사람은 잘못 생각하여 옆길로 가기도 하고 극단적인 방법을 찾기도 하지만 많은 사람은 스스로 마음을 추스르고 더 나은 내일을 위해 힘을 내어 헤쳐 나간다. 그러다 보면 언제 그런 일이 있었던가 생각할 정도로 좋은 날들이 찾아오기 마련이다. 더욱 어려울 때는 긍정적인 생각을 갖고 자기에게 최면을 걸어 잘될 것이다, 잘할 수 있어 하면 정말 잘된다. 미리부터 걱정하면 그 시간만큼 손해이다. 설혹 잘못되었다 하더라도 말이다.

이런 생각 저런 생각을 하면서 걸어오다 보니 두 부자와 꽤 멀리 떨어졌다 싶어 뒤돌아보니 두 사람이 저수지 가장자리를 향해 아들의 바지를 내리고 볼일을 보는 것을 도와주고 있었다. 지금 저렇게 배설을 하는 아들의 심정은 또한 어떠할까? 배설마저도 자기 마음대로 할 수 없어 부축을 받아야 하는 몸 상태는 멀쩡한 정신을 갖고 있다면 그 심정은 죽고 싶은 마음일 것이며 옆에 부축하는 아버지 심정은 또 어떠할까? 생각만 해도 보고 있는 내 가슴이 답답해진다. 어떻든 세월은 흐를 것이며 몸도 마음도 흐르는 그 세월 따라 변할 것이다. 변하지 않는 그 무엇도 그 어떤 것도 없으니 말이다. 이왕 되돌릴 수 없는 일 주어진 여건에서 아들인 환자분도 재활을 위해 운동을 열심히 하시고 부축해 주시는 아버지도 최선을 다해 아들의 재활의 의지가 꺾이지 않도록 북돋아 주면 뜻하는 어느 날 정상인의 모습으로 당당히 사람들 앞에 나설 수 있을 것이다. 하늘은 스스로 돕는 자를 돕는다 했다. 저 사람 참 집념의 사나이야, 그 시련 속에서도 주저앉지 않고 병마를 이기고 기적적으로 정상인의 모습으로 우리 앞에 나타나는 것을 봐, 정말 대단해, 하는 소리를 듣게 된다.

기적은 있다. 그러기에 기적이란 이름이 존재하는 것 아니겠는가? 그 많은 사람 가운데 하필이면 나에게 찾아왔어 하면서 몹쓸 병마를 한탄하고 원망하고 좌절한다면 아무리 세월이 흘러가도 예전의 모습은 찾을 길 없다. 그러나 용기를 잃지 않고 하루하루 꾸준한 재활의 의지를 불태우고 열심히 노력하면 아직은 많지 않은 나이이니만큼 되돌리기 어려운 병마도 이겨내어 예전의 자기 모습으로 돌아올 수 있을 것을 믿는다. 불가능을 가능케 하는 것은 인간 이외는 이 세상에 존재하는 그 무엇도 그 어떤 것도 할 수 없다. 인간만이 할 수 있는 인간다운 모습임을 잊지 마시고 꾸준하게 노력하시어 남매지 둘레길에서 다시 건강한 모습으로 만나기를 기대하며 기도합니다.

PART 03

소설

멍에

1. 풍경

한겨울 강은 대단히 추웠다. 불어오는 바람은 칼바람이 되어 살을 에는 듯하였으며 강물이 꽁꽁 얼어 두꺼운 얼음으로 뒤덮인다.

방학을 맞은 아이들은 동지섣달 정월 석 달 동안을 얼음 위에서 놀기에 바빠 시간 가는 줄 모른다. 학교에서 정상적으로 가르치는 수업시간과 자기 자신이 복습 예습하는 공부 외에는 마음껏 뛰어노는 것이 일과였다. 학교에서 돌아오면 어깨에 걸치거나 허리에 둘러 맨 책보따리를 풀어 방안에 던져 놓고는 놋그릇에 담긴 굴러갈 것 같은 보리밥을 따뜻한 물에 말아 된장과 함께 마파람에 게 눈 감추듯 먹고는 들과 강으로 달려 나갔다. 자연과 더불어 마음껏 뛰어놀며 호연지기(浩然之氣)를 키웠다. 한겨울의 강은 아이들의 놀이터이며 자연 학습장이며 생활이었다. 아이들은 보모가 가르치며 키우지 않아도 스스로 자랐다.

강은 언제나 얼음으로 덮였으며 썰매 타는 아이들로 언제나 북적였다. 삼한사온(三寒四溫)이란 겨울철 날씨 변화가 기막히게 들어맞았던 시절 삼한은 많이 추었으며 사온(溫) 때에는 추위는 다소 수그러졌으나 얼음이 녹을 정도는 아니므로 강의 낮은 다리 근방 얕은 곳에서 노는 아이들은 노을이 붉게 물들어 갈쯤에도 썰매 타기에 지칠 줄 몰랐다. 익살맞은 아이들은 두 개의 앉은뱅이 스케이트를 허리와 엉덩이 사이에 하나, 종아리에 하나 걸쳐놓고 고개를 치켜세우고 누워서도 양손에 잡은 창을 얼음 위를 찍으며 묘기를 부리듯 앞으로 나가기도 했다.

머리 위에 노을이 길게 드리워지고 땅거미가 몰려올 쯤 겨울 철새들이 긴 줄이 되어 서쪽 산으로 보금자리를 찾아 하늘 길을 따라 붉은 노을 속으로 사라지면 북적이던 강에도 하나둘 한 손에는 창을, 또 한 손에는 앉은뱅이 스케이트나 나막신 스케이트를 들고 또 어떤 괜찮은 집 아이는 가죽 구두 스케이트를 어깨에 떡하니 걸치고 가죽장갑을 낀 손을 탁탁 소리 나게 연신 두드리며 의기양양하게 걸어가는 것이다. 입성이 시원찮은 많은 아이들은 파랗게 변한 아래위 입술이 억지로 부딪치지 않아도 이빨이 서로 딱딱 소리 나게 부딪치며 오들오들 떨며 한껏 어깨를 구부리고 시린 두 손을 모아 호호 입김을 불어 넣으며 어거정어거정 편치 않은 걸음으로 집으로 돌아간다. 겨울 철새들의 줄이 된 풍경은 어느 잘 그린 화가의 그림이 화랑에 걸려있는 것을 보는 것 같은 착각마저 든다.

아이들이 떠난 얼음 위에는 바람만이 스쳐 지나가고 강 언저리에는 지난여름 쑥쑥 자라난 쓰러지지 않은 키 큰 갈대는 서로 바람에 고개를 휘젓다 마주 부딪치는 '쉬이' 소리는 사람을 부르는 듯 들린다. 갈대 스치는 소리와 지나가는 바람 소리는 황량한 겨울 강 풍경을 더욱 을씨년스럽게 한다.

멀리서 보면 강은 하얀 캔버스(canvas)에 황량한 한 폭 그림이 그려져 있다. 고개 푹 숙이고 홀로 터덕터덕 걸어가는 나그네의 고독한 발걸음이 생각날 정도로 그림이 된 강풍경은 동쪽으론 저 멀리 야트막한 산까지 뻗어있고 서쪽으론 석양 노을 속으로 빨려 들어가듯 넘어가는 해를 따라 함께 넘어가려는지 저녁노을이 길게 넓게 아스라이 높은 서산 자락까지 희미하게 펼쳐있다.

한겨울 강 위 찬바람은 매섭게 휘몰아쳤다. 귀는 빨갛게 변하여 손으로 만지면 얼음장이었다. 헐렁한 바짓가랑이 사이로 허락도 없는 찬바람이 무시로 들쑥날쑥 더욱 오금을 펴지 못하게 한다. 바지 속 아이들 물건은 익지 않은 푸른 탱자 같이 오그라들어 동그랑땡 과자마냥 자그마해져 아래쪽에 웅크리고 있다. 걷는 모습 또한 다리가 불편한 어느 환자마냥 엉금엉금 쭈그려 걷는 모습이다.

살갗을 훑고 지나가는 찬바람은 손발은 말할 것도 없고 다리며 온몸이 차가웠다. 먹는 것이 시원찮은 아이들일수록 추위를 더 타는 법이다. 아랫배에 힘을 주고 걸어가면 다소 걷는 모습이 씩씩하게 보일 수 있을 것이나 어깨를 푹 숙이고 걸어가면 아주 풀 먹이지 않은 핫바지 모양 후줄근한 꼴이다. 집에 돌아와서도 땔감마저 귀했던 그 시절 아랫목이라 해도 뜨뜻미지근했다. 펴 논 이불 밑에 발을 넣고서야 그나마 조금은 온기를 느낄 수 있었다.

한겨울 강에서 놀다 지친 아이는 저녁밥을 먹으려면 쪼르르 배에서 소리가 나도 아직도 더 기다려야 한다. 혹 이웃에 허드렛일이라도 있을까? 찾아 나선 어머니의 귀가를 기다리며 책을 펴 읽다 말고 아이는 스르르 잠이 든다. 늦게 어머님의 귀가와 함께 자는 아이를 깨운다.

"야야, 조금만 기다려라. 금방 저녁 지어줄게."

이 소리에 부스스 눈을 비비며 일어난다. 보리밥알이 둥둥 떠다니는 희멀건 갱죽(시래기나 나물을 많이 넣고 끓이는 죽) 한 그릇을 후

딱 먹어치우고는 뻘꺽뻘꺽 반은 물로 배를 채운 뒤 그나마 밥솥에 불을 지핀 덕에 따뜻해진 아랫목에 이불을 뒤집어쓰고 호롱불을 켜 놓고 공부를 하려고 책 보따리를 푼다. 책을 주섬주섬 끄집어내고 연필에 침을 묻히며 공책을 펴놓고 무얼 쓰려고 하면 낮에는 무얼 했냐며 기름은 누가 공짜로 주느냐며 돈이 어디 썩어 문드러지냐는 잔소리에 하려던 공부도 어머니 말씀을 핑계 삼아 책을 덮고 긴 겨울밤을 찢어진 창호지 문틈으로 보이는 밤하늘의 별을 좇아 꿈나라로 간다.

한겨울 강 풍경

한겨울의 강변은 억시기(굉장히) 추웠다.
강물도 꽁꽁 두텁게 얼었다.
철사줄로 만든 앉은뱅이 수게토(스케이트)는
양손에 잡은 창에 힘주며 엉덩이를 들썩이며 나아가고
나막신 끝에 못 박고 굵은 철사줄로 만든 발 수게토(스케이트)는
발뒤꿈치를 들고 앞으로 당기면서 앞 발가락에 힘을 주면
쭉쭉 미끄러지듯 달려나갔다.
쇠가 뻔쩍뻔쩍 날이 선 가죽구두 칼 스케이트는
양쪽 다리를 번갈아가며 옆으로 밀며 생~생
물 찬 제비같이 날아갈 듯 달렸다.
새비로(日,sbiro) 옷 입은 과수원 집 아들 경도는
칼바람을 가르며 미끄러지듯 나아갔다.
목에 두른 머플러는 바람에 휘날렸고
앉은뱅이 수게토에 몸을 의탁한 많은 아이들은
타다 말고 고개를 돌려가며 선망의 시선으로 그를 보았다.

그는 더욱 우쭐해져 휘파람 불며
엉덩이를 좌우로 삐딱 빼딱 휘저으며 나갔다.
과수원집 아들 경도는 물 찬 제비
나막신 수게토(스케이트)를 타다 고개를 돌려가며 바라보는 우리들은
두발로 헤엄치는 물오리
이도 없어 앉은뱅이 수게토(스케이트)를 타는 동네 꼬마들은
느릿느릿 거북이
그러나 우리들에게는 얼음판 위에서 셋 또는 네다섯이 펼치는
팽이 싸움에 승자는
물 찬 제비 경도보다 인기가 높았다.

* 참나무를 깎아 중심에 총알을 박아 만든 팽이 : 그 팽이를 줄로 감아 던져 돌린다. 돌아가는 팽이를 또 다른 팽이에 긴 줄을 감아 위에서 아래로 내려쳐 동강을 내거나 모서리를 갈라놓거나 맞혀 주저앉히는 놀이다. 놀이가 활동적 파괴적으로 시대상을 반영한 전쟁놀이라 생각된다.

얼음 위를 장정 여럿이 올라 함께 뛰어도 깨어지지 않던 얼음도 설(음력)을 지나고 나면 갈라지며 깨어지는 아픔인 듯 쩍쩍 소리를 내며 물결이 일렁이며 땅과 부딪치는 가장자리부터 조금씩 녹으며 얼음과 물의 경계선이 분명치 않다. 동네 청년들은 큰 뭉치의 얼음덩이가 뗏목인 양 또 지게 작대기나 나무토막이 노(櫓)인 양 강바닥을 밀며 낙동강으로 긴 여행을 시작한다. 얼마를 가지 못하고 이게 될법한 일이냐면서 쨍쨍 또 다른 아우성인 듯 소리를 내면서 얼음덩이가 둘로 갈라지면 얼음 위에서 놀던 청년들은 놀라며 깨어진 얼음 위에서 얕은 물에 빠져 바짓가랑이를 젖기도 한다.

그러면 강가 양지바른 곳에 모닥불을 피워놓고 바지를 말리는 그림

은 봄이 오는 길목인 늦겨울 쉽게 볼 수 있는 진풍경 중의 하나이기도 하다. 봄을 기다리는 마음은 굶주림에 지친 가난한 서민들의 긴 겨울 나기를 배려하려는 듯 영등 할머니 치맛자락에 실어 후다닥 지나가 버리고 얼음 지치던 아이들이 떠나간 자리, 깨진 얼음 밑에는 한겨울 동안 죽음을 앞둔 환자같이 느릿느릿 움직이던 피라미들 치어들이 꼬리 흔들며 노는 활기찬 모습은 봄은 벌써 와 우리들 주위를 맴돌고 있음을 알린다. 언제부터인지 알 수 없지만 나무에 물이 오르고 올망졸망 가지에 맺은 몽우리는 하루가 다르게 부풀어 오른다. 사람들이 알지 못하는 사이 누가 먼저랄 것도 없이 남쪽 담장 앞 양지바른 곳부터 꽃망울이 조금씩 돋는가 싶더니 소리도 없이 확 터트리며 꽃을 피운다.

이름 있는 개나리도 진달래도 산수유도 매화도 피지만 이름 없는 꽃이지만 음력 3월 느지막하게 능금나무에도 꽃은 뒤처질세라 함께 피어난다.

복사꽃 능금꽃이 피는 내 고향
만나면 즐거웠던 외나무다리
그리운 내 사랑아 지금은 어데

노래 가사에서도 볼 수 있듯이 이맘때면 능금 밭이 많은 이곳 넓은 과수원은 화려하지는 않지만 그래도 멀찌감치 떨어져 지그시 눈을 감은 듯 실눈으로 보면 정말이지 장관이다. 어느 때 누가 같이 심었는지 높낮이가 비슷한 우람한 능금나무들이 끝없이 이어져 있고 나무와 나무 사이 좁은 길은 얼기설기 엉켜져 있다. 탱자나무와 덩굴이 함께 얽혀져 있어 한낮에도 깜깜할 정도인 어느 도깨비 굴 같은 속칭 북해도 길(일제 강점기에 탄광으로 끌려가신 우리들 선조들의 억울한 한을 생각해서 만든 길 이름인지 알지 못하지만)은 이리 고불 저리 구불 긴 하나의 선으로 이어졌다. 좁은 어둑한 길에 들어서면 늦은 봄 이른 가을에는 한낮에도 시원하다 못해 으스스 한기를 느낄 정도이다. 더욱 구름에 가려 해가 없어지고 바람마저 부는 날 어쩌다 시원하게 비까지 쏟아지면 여름철 눅눅하긴 해도 피서지로서 안성맞춤인 곳이다.

많은 사람은 젊을 때 검은 머리가 중년에 들어서면 한 올 두 올 흰 파뿌리 같이 변하듯 능금나무 꽃은 연분홍으로 피었다가 며칠이 지나지 않아 서서히 흰색으로 변하면서 활짝 핀다. 흰 꽃으로 변하면 겨울철 눈이 내려 가지에 앉은 듯 잎인지 꽃인지 착각할 정도로 하얀 꽃들로 덮인다.

파란 하늘 아래 얼어붙은 땅 위 겨우내 어디서 추위를 이겨내며 목숨을 이어왔는지 모르지만 많은 벌들은 윙윙 소리를 내며 꿀을 따려 이 꽃 저 꽃으로 옮겨 날아다니고 나비는 불어오는 산들바람이 장단인 듯 어느 발레리나(ballerina)보다 더 멋지게 춤을 춘다. 잠자리 여러 마리가 서로 허공중에 떼를 지어 꽁무니를 쫓으며 아래위로 옆으로 또 옆으로 날며 빙글 원을 그린다. 벌과 나비와 잠자리의 삼중주의 날갯짓은 봄을 맞는 하얀 햇빛 가득한 허공중에 앙상블(ensemble)을 이룬다. 이들 생명들은 다 자기들의 생명을 이어가기 위한 일들을 하지만 결국에는 다른 생명들의 끈을 이어주려는 공생의 일들을 한다.

동물들은 자기들 먹을거리가 다른 동물들에게 먹을 것을 제공하거나 생명의 끈을 연결하는 연결고리이니만큼 떼려야 뗄 수 없는 불가분의 관계이다. 같이 살아가기 위한 생존의 길이며 공존공영의 길이기도 하다. 서로는 그 연결고리를 아는지 알지 못하는지 모르지만 따지고 보면 본능으로 행동하지만 서로 공존의 의미를 갖는 것이다. 꽃이 떨어지면 나무 아래 나무들 사이사이에는 하얀 꽃이 흰 눈같이 널브러져 있다. 아직 풀이 돋아나지 않은 맨땅에 수많은 개미들만 무리지어 긴 행렬을 만들고 들락날락 분주히 오고 간다. 이른 봄이지만 미리 긴 겨울 동안 살아갈 양식을 마련하는지 모르지만 집으로 부지런히 먹을 것을 실어 나른다. 자기 덩치보다 몇 십 배나 큰 놈을 물고 미련하게도 높낮이가 사뭇 다른 땅 위를 끙끙거리며 끌고 가는 놈을 보면 욕심 많은 어느 늙은이 아무리 써도 다 쓰지도 못하고 죽을 것을 모르는지 아니면 알면서도 움켜쥔 수전노 근성을 보는 것 같다.

아프리카에서 원숭이를 사냥하는 방법이 굴속에 먹을 것을 넣어두고 망을 보면 근처에 있던 원숭이가 먹을 것을 넣어두는 것을 보고 사람이 없을 때에 굴 앞에 와서 굴에 손을 넣어 먹을 것을 집어 빼려면 주먹을 쥐다 보니 빠지지 않아 사람에게 잡히는 것을 본다. 자기 손안에 움켜쥔 먹이를 놓으면 손이 빠지는데 한사코 놓지 않아 잡혀 죽임을 당하면서도 먹을 것을 놓지 않는 어리석음을 본다. 먹이를 놓으면 손이 스르르 빠질 것인데 불끈 쥔 주먹이 빠지지 않아 사람에게 잡히는 것같이 사람도 미련하게도 수전노 근성이 몸에 밴 때문인지 닮아 보인다.

짐승이야 그렇다 쳐도 이성으로 태어난 인간이니만큼 짐승과는 달라야 하는데 그렇지 못한 사람이 너무 많은 것 또한 지금의 현실이다.

연분홍으로 피었다가

연분홍(軟粉紅)으로 피었다가
흰색으로 떨어지는 능금꽃은
눈이 내리듯 이른 봄에 지난겨울의 정취를 느끼게 한다.
겨울 동안 움츠렸던 가지들의 기지개는 물을 올리려 안간힘을 다하지만

아직도 활짝 핀 봄꽃들 외는
움 틀 시늉도 하지 않는 잎들은 계절이 바뀐 것도 모른다.
세상 밖 일들에 관심이 없는 듯하나
땅 밑에서 뿌리의 힘찬 펌프질은
꽃망울을 맺으려 안간힘을 다하는 수고로움을 본다.
마른 나뭇가지들 사이로 흰 눈이나 되는 듯 쏟아지며 떨어지는 능금꽃
어지러이 봄바람이 부는 날이면
흰나비들의 군무인 양 춤을 추는 듯 내리는 모습은 장관을 이룬다.
물러날 듯 물러나지 않는 동장군은 옷깃을 여미게 하지만
봄은 흰 능금꽃이 전령이나 되는 듯
살짝 가지를 흔들며 내 왔소 하듯 지나간다.
더 높은 하얀 공중에
두 마리 참새가 새봄을 맞아
앞서 달아나는 놈의 꽁무니를 구애하듯 짹짹 소리가
내 따라간다 기다려요 하듯 뒤를 쫓는다.
봄을 맞아 모든 것이 생기가 넘쳐난다.
돋고 피어나려 하는 꽃과 풀들
덩달아 새들도 화창한 봄날
밝은 한낮에도 부끄러움을 잊은 듯
암놈 꽁무니를 쫓아 짝을 맺는다.

2. 확인

그런 어느 날 오후였다. 나무 아래 하나뿐인 원형의 탁자와 곧 부러

질 듯 놓여 있는 때 묻은 어설픈 낡은 의자에 엉거주춤 엉덩이를 붙이고 서듯 앉은 성웅이 앞에 비스듬히 능금나무에 기대어 서 있는 설이는 자못 진지한 얼굴 표정이다. 아까부터 할 말을 잃고 있다. 추궁 아닌 추궁에 진땀을 흘리고 있다 해야 할 것이다. 설이는 자신이 생각해도 알 수 없는 자신의 또박또박 대답에 의아해하면서도 성웅의 또렷한 추궁에 스스로 무엇에 홀려 끌리듯 대답은 변명으로 일관한다. 뭐 이렇게 내가 변명을 하면서까지 성웅에게 대답을 할 의무가 있는 것도 아닌데 말이다. 자기가 대답을 하고서도 내가 왜 이렇게 변명하면서까지 대답을 해야 하는지 알지 못한다. 그러고 스스로 이래서는 안 되는데 생각하면서 똑같이 변명 같은 대답을 한다.

언제부터인가 성웅은 설이에게 스스럼없이 이 가시나가 하면서 욕 같은 말도 예사로 쓴다. 너무 친해서 그러한지 아니면 또 다른 이유가 있는지 둘 외는 아는 사람이 없다. 그러한 얘기에도 설이는 눈 꼬리가 조금 비껴 올라가며 옆으로 흘겨볼 뿐 별다른 말이 없다. 옆에서 누가 보면 설이의 눈이 욕 같은 말에도 찌푸린다든지 독이 오른 모양이 아니고 이상하리만큼 정겹기도 하다는 생각과 함께 툭툭 마구잡이로 튀어나오는 이 가시나 어떻고 하는 소리에도 별다른 나쁜 감정은 없어 보인다. 어찌 보면 연속극 같은 데서 삼각관계에 얽혀 사랑싸움하다 어떤 일이 발각되어 이러지도 저러지도 못해 낭패를 당한 어느 여배우의 우는 것 같기도 하고 웃는 것 같기도 한 어정쩡한 표정의 명연기를 보여주는 얼굴 표정과 많이도 닮았다는 생각이 든다.

설이 집은 나지막한 산 아래 멀지 않은 곳에 능금나무 밭 가운데 있다. 대문을 나와 왼쪽으로 꺾으면 울타리가 된 탱자나무는 길게 줄이 되어 옆집 울타리와 평행선이 되어 작은 자갈돌로 다져진 신작로와 경쟁이나 하듯 저 멀리 야트막한 산까지 오르막 고갯길이 되어 길게 뻗어있다. 탱자나무 울타리 반대쪽 울타리도 야트막한 산까지 길을 따라 이어져 있다. 그 끝으로는 아마 어느 시골 마을의 첫 길과 연결되어 있다. 오른쪽으로는 면소재지로 나가는 나지막한 다리까지 언제 함께 심었는지 모르지만 높낮이가 엇비슷한 여러 밭의 탱자나무 울타리가 신작로를 가운데 두고 양쪽으로 철길같이 평행선이 되어 길게 이어져 있다. 자갈돌로 잘 다져진 신작로는 물이 잘 빠져 비온 뒤에도 소달구지에 능금 상자를 가득 싣고 면소재지에 있는 공판장으로 가는 데는 아무 지장이 없었다.

이 신작로는 어느 촌길같이 비온 뒤는 진흙탕으로 변하여 과일 운송에 지장을 주지는 않는다. 어쩌면 일본인 그들은 길을 만들 때 일본인들이 주로 재배하는 능금 농사를 뒷받침하기 위해 미리 운송수단에까지 다 계산에 넣고 길을 만들지 않았나 생각이 들 정도로 능금 밭으로 이어지는 길은 모두가 다 자갈돌로 다져져 있고 배수가 잘 되어 물이 고여 운송에 지장을 주는 일 따위는 전혀 없었다.

성웅은 한참을 땅만 바라보며 군화로 심술이나 부리듯 땅을 탁탁 파고 있더니 파던 동작을 멈추고 서서히 고개를 들고 설이를 본다. 마침 성웅을 보던 설이의 눈과 마주친다. 성웅은 설이의 눈에서 무엇을 찾으려는 듯 빤히 쳐다보다 스스로 감히 내가 어떻게 일순간 자기도 모르는 사이에 전선에서 힘없이 총을 던지며 두 손을 하늘로 올리는 패배한 어느 병사의 힘 잃은 모습이 되어 눈을 아래로 깔면서 설이의 모습은 한 떨기 백장미 같다는 생각을 한다. 눈을 씻고 봐도 얼굴에 잡티라고는 하나 없다. 피부는 갓 피어난 흰 장미같이 풋풋하다. 가슴은 쿵쾅 방망이질한다. 황홀 그 자체이다. 마른 침을 소리 나지 않게 꿀꺽 삼킨다. 소리는 나지 않으나 튀어 나온 성웅의 목젖이 위아래로 누가 보면 어쩌나 하듯 바삐 왔다 간다. 전에는 저렇지 않았는데 아마 설이는 이젠 물오를 대로 오르고 피어날 대로 피어난 꽃다운 나이이다. 성웅도 이젠 한 사람의 어엿한 청년으로 씩씩한 군인으로 육체적으로 자랄 대로 다 자라서며 정신적으로 성숙할 대로 성숙한 어쩌면 가장 이성에 호기심이 많은 남자로 변하였다.

성웅 자신은 지금 앞에 서 있는 설이를 보는 시각의 변화는 스스로 생각해도 경이롭게 느껴진다. 아니 마음의 눈에는 황홀 하다못해 즉 마른 춤이 꿀꺽 넘어갈 정도로 갈증을 가져온다. 어디에서 이런 마음이 생기는지 알지 못한다. 다른 말로 표현하면 본성에 기인한 본능적인 욕구의 한 단면은 아닐까? 그러니 앞에 서 있는 설이가 옛날 코흘리개 소꼽친구 설이가 아니라 한 사람의 성숙한 여성 요염한 끼 넘치는 알맞게 잘 익은 과일처럼 아니 먹음직한 빛깔 좋은 능금, 빨간 홍옥 같은 성숙한 여자로서의 모습을 다시금 느끼는 것이다. 그러한 성웅의 감정 변화는 자기의 가슴에 불을 지피기 충분하였다. 자라면서 항시 자신보다 더 많은 것을 가졌다고 생각했다. 머리 좋은 것 하며 이목구비가 뚜렷한 얼굴 생김이며 신체적 여건이며 그리고 물질로도 집의 사정이 아버지가 일찍 돌아가신 것 외에는 무엇 하나 자기보다 못한 것이 없는 아이였다. 자기(성웅)는 인식하지 못했지만 설이는 능금 밭에서 깨금발 딛고 오줌을 엉덩이 앞으로 쑥 내밀며 돌려가며 누지 않았다면 매몰차게 니(너) 이제 보기 싫다 하며 획 돌아서서 방으로 들어가지 않았을 것이다. 무엇인지 모르지만

“가시나 니(너) 싫다 카면 내 뭐 겁 낼까바” 하면서

“그카면(그렇게 말하면) 나도 니(너) 싫다.” 하며 성웅이 설이의 능금밭에서 획 돌아 나오지 않았다면 지금까지 둘의 관계는 계속 이어왔을 것이다. 그러나 성웅은 왜 설이가 그렇게 하루아침에 자기를 멀리하려 획 돌아서며 방으로 들어갔는지 아직도 모른다. 그만큼 여자

는 남자보다 이성에 대한 호기심이랄까, 성적 성숙이랄까, 아니면 신체적 변화라 할까, 더 빨리 찾아오는 것이며 아는 것 같다. 설이가 매몰차게

"니(너) 이제 그럴라 카면 가뿌라.(가 버려라)" 할 때 왜 설이가 그렇게 했는지 성웅은 전혀 눈치 채지 못했다. 그냥 자기를 싫어하는가 보다며 이렇게 세월 흘러 오늘까지도 그때 일들은 까맣게 잊고 있었다. 또 다른 어떤 것도 부대에서 하명 받은 일은 핑계였으며 아니 열일을 제쳐 놓고 단지 친구의 편지내용이 사실인지를 확인하려 능금나무 아래서 설이를 만난 것이다.

성웅은 무슨 큰 결심을 하듯 고개를 들고 설이를 똑바로 바라보면서 조그마한 소리지만 단호한 어조로 추궁하듯 묻는다.

"니(너) 언제부터 아버지 같은 건마(그 사람)하고 눈이 맞았나?"

"니(너) 말 좀 해봐라." 한다. 아버지 같은 건마(그 사람)라 하면 꽤 나이든 사람일 텐데 존칭은 아예 생략하고 동생 같은 사람을 얘기하듯 하대하는 아니 욕하듯 하는 말투다. 성웅은 이제까지와 같은 방법으로는 도저히 설이의 입을 통해서 진실을 알기는 어렵겠다는 생각에 단도직입적으로 묻는 것이다.

성웅이 앉아있는 등 뒤 능금 나뭇가지에는 작은 바람 탓인지 아니면 성웅의 추궁에 할 말을 잃은 자신의 콩닥콩닥 방망이질하며 낮 뜨거워진 열기 때문인지 한낮 햇빛 아래 능금나무 꽃이 비 오듯 떨어지는 모습이 설이는 눈 내리는 저 지난겨울(63년 12월 20일) 하늘은 깜깜한데 눈으로 뒤덮여 온통 천지가 하얗게 빛나는 산사 오솔길의 선명한 설경(雪景)이 떠오른다. 설이는 움찔하면서 대답할 말을 찾지 못한다. 혼자 속으로 언제부터 알고 있었을까? 미주알고주알 다 알고 있는 것일까? 그것이 더 궁금해진다. 어쩌면 혼자 간직해야 하는 비밀

을 들킨 어린아이가 어쩔 줄 모르는 모습같이 한순간 설이의 얼굴 색깔이 하얗게 변하는 것 같다. 아무나 나쁜 짓을 하지 못하는 것같이 몇 마디 말에 얼굴 색깔이 변하는 그런 설이의 모습을 본다.

성웅은 이 계집애는 마음이 여려 거짓말은 할 수 없는 것을 안다. 무언가 있기는 있는 것이 틀림없다고 이젠 확신을 가진다. 조금 전까지만 해도 아닐 것이다. 괜한 신경 쓸 필요가 없는 바람 타고 들어오는 뜬소문이 누군가가 입방아를 찧다 보니 한두 사람 입을 건너 부풀고 부풀어져 나이 많은 어떤 영감탱이와 사귄다며 성웅이 자기에게도 어쩌다 들린 소리일 것이다 생각하며 그저 뜬소문일 것이다 그저 지나가는 임자 잃은 말일 것이다 생각하며 전혀 그런 애도 아니고 그럴 수 없다며 믿지 않았는데 말이다.

그런데 지금 설이의 변한 얼굴 표정으로 보면서 자기 생각이 틀릴 수도 있다는 아니 어쩌면 소문이 진실일 것이다 라며 휙 스쳐 지나가는 불길한 생각들이 진실 탐구 같은 텔레비전 속의 한 장면이 되어 지나간다. 큰 구멍이 뚫린 성웅의 가슴 한가운데를 무엇인지 모르지만 확 바람 빠져나가듯 지나간다. 성웅은 갑자기 할 말을 잃어버리고 무슨 말을 해야 할지 알지 못한다. 둘 사이에는 정적만이 흐른다. 둘의 한 가운데에 조그마한 강이 만들어져 무심한 강물만이 흐른다. 훌쩍 뛰어 건널 수 있는 거리는 더더욱 아니다. 다리도 놓여 있지 않는 데 배 한 척도 없다. 건너서 갈 수 있는 것이라고는 아무것도 없는 것이 안타까울 따름이다.

건너려면 아직도 날씨는 차가운 이른 봄인데 온몸을 던져 강에 뛰어들어 헤엄쳐 건너야 할 뿐이다. 허긴 요즘은 겨울철에도 이열치열이라며 물속으로 뛰어들어 위아래 이빨들이 부딪치는 소리를 들으며 오들오들 떨면서도 웃음으로 어물쩍 스릴을 느낀다는 사람들도 있고 하니 아예 건너지 못할 일은 아니다. 건너가지 않으면 죽는 일이다 하면 물속에 뛰어들어 건너갈 일이지만 설이에 대한 성웅의 마음이 아직 그러한 정도는 아닌 모양이다. 어떤 날은 말할 수 없을 정도로 보고 싶기도 하다가도 이것저것 생각하면 내가 이런 마음을 가져도 될 것인가? 자못 의심이 들며 설이에 대한 자기 마음이 진정인가? 아닌 것 같기도 하여 아직은 사랑이라 말하기에는 경도(傾倒)가 옳은 것이 아닌가 생각이 들곤 했다.

누군가는 사랑은 경제적으로 익,불이익을 따지는 것은 사랑이라 말할 수 없다며 어느 재벌가의 경제공동체적 정략결혼은 사랑이 아니라 어느 매매 물건같이 하나의 상품이다. 세월이 흘러 시장의 여건이 바뀌면 당연히 값나가는 여러 경제공동체의 가치가 달라져 값어치가 떨어지기도 하고 때에 따라서는 방해되기도 하니 반송되기도 하고 폐기되기도 하고 서로가 뒷방 늙은이로 모셔지기도 하여 알은체도 않으며 세월이 가기를 기다리는 경우도 있는 것이다. 우리 주위에서 벌어지는 화려하게 스포트라이트를 받으며 올렸던 재벌가들의 정략결혼들이 어느 날 신문지상의 사회면 가십난에 조그마한 활자로 결혼 이후 생활의 단면들이 시중에 널브러져 흩어지는 것을 보아도 알 수 있는 것이다.

한편 설이는 짧은 시간이지만 오만 가지 일들이 스쳐 지나간다. 얼마만큼 알고 있을까? 재가 어디까지 알고 있는 것일까? 알고 있는 내용을 집에 이야기하면 그때는 큰일이다. 오빠가 알면 그 불같은 성미로 보아 집안 망신시킨다며 죽이려들지 모른다 생각하면 할수록 등에 식은땀이 나고 모골(毛骨)이 송연(然)해 진다. 이래서는 안 되겠다 생각하면서 성웅을 보던 시선을 거두고 얼굴을 숙이면서 성웅과 똑같이 분풀이를 하듯 발아래 떨어져 누운 것이 죄인 양 능금꽃을 짓뭉개며 흙으로 변한 꽃을 보며 힘없는 목소리이지만 또렷하게 말한다.

"니(너) 말이다. 누구에게 무슨 소리 들었는지 모르지만 나는 니(너)가 무슨 말을 하는지 통 모르겠다."

"아버지 같은 건마(그 사람)는 또 무슨 소리인지 통 못 알아듣겠다."

"그하고 나는 아무 일도 없다." 말을 마치고는 조금 입을 삐죽하며 숙였던 얼굴을 바로 세운다. 그러고는

"니(너) 봐라, 소문이라면 내 이 잘난 얼굴 보고 반한 어느 종내기(사내아이)가 내가 차 버렸더니 시샘하며 아마 지어낸 이야기일 것이다."

"안 그래도 신물 나게 따라오면서 사귀자며 못살게 굴던 아(아이)가 하나 있었는데 매몰차게 거절했더니 혹 가가 캤는 말이(말했는지) 발이 달려 돌아다녔는지 모르겠지만 졸병 생활하기도 벅찬 니께(너에게)까지 들렸는가 보다."

설이는 이 말을 할 때 오른손 엄지로 자기 얼굴을 가리키면서 성웅을 빤히 쳐다보면서 말을 한다.

"그라고 니(너) 내 걱정 해주는 것은 정말 고마운데 신경 쓸 것 없다."

"내 일에 신경 쓰지 말고 니(너) 군대 생활이나 신경 써라."

"군대 간 지 얼마 되지도 않은 졸병이 내 일에 신경 쓰다가 군대생활 무사히 잘 하겠나?"

하얀 얼굴색은 언제 그랬어 하는 듯 평소와 다름이 없다. 이럴 때의 변신은 가히 명배우 못지않다는 생각을 성웅은 가진다. 속사포같이 쏴 대는 설이의 말에 한마디 대꾸도 못한다.

성웅은 이러고 보니 아닌 것 같기도 하다. 무엇인지는 모르지만 먹은 것이 소화되지 못하고 쌓였던 체증이 한꺼번에 확 빠지듯 내려가는 이 시원한 느낌은 또한 무엇 때문인가?

성웅은 작년에 논산훈련소 입대했다. 졸업년도에 자기가 좋아하는 대학에 응시하였으나 떨어지고 일 년 재수를 했다. 열심히 공부해서 자기가 원하는 대학에 갈 마음이었으나 노력이 부족한 것인지 아니면 머리가 모자란 것인지 1차에 떨어지고 하는 수 없이 2차에 합격했다. 당연히 마음에 들지 않았으나 삼수를 하기는 심히 부담이 갔다. 삼수를 해서 자기가 가려는 대학에 갈 수 있었다면 했을 것이지만 아무래도 자신이 없어 목표를 수정한 것이다. 그리고 1학기 강의를 듣는 둥 마는 둥 빈둥대다가 입대 연기 신청을 하지 않아서 입대통지서를 받고 10월에 입대했다. 그 후 전방에 자대 배치를 받고 6개월 만에 첫 휴가를 나와 가장 먼저 설이를 찾은 것이다.

입대하기 전에 설이에 대해 이런저런 소문이 들려왔다, 어떤 남자와 사귄다는 이야기도 있고 어떤 더 흉측한 이야기는 살림을 차렸다는 이야기도 있었다. 첫해는 시험에 떨어지고 의기소침해졌다. 매사 의욕이 없어지고 울화가 치밀었다. 만사가 귀찮아졌고 시들해졌다. 어쩌면 이러한 마음은 재수를 하면서 열심히 공부한다고 했었는데 공부는 겉돈 것이고 성적이 오르지 않은 이유이며 본인이 생각해도 그럴 것이다고 생각한다. 그러다 보니 설이에 대한 생각도 많은 시간 동안은 잊고 있었다. 공부에 매달렸기 때문이라기보다는 동창회 건도(61년 7월) 있고 또 매사에 자신이 없으니 설이 자신을 어떻게 생각할까? 자신을 잃었기 때문이라는 표현이 더 정확하다. 잊었다 생각하였는데 잊은 것은 아니었고 잠시 이것저것 괴로운 일 등으로 미루어 놓았다 하는 것이 맞는 말일 것이다.

첫해는 1차 대학시험에 떨어지고(62년 12월) 주저 없이 재수를 하였으나 그 이듬해에도 또 1차 시험에 떨어졌다. 2차 시험을 포기하고 다시 삼수를 하려 마음먹기도 하였으나 나이도 있고 올해 대학을 가지 못하면 군에 입대해야 하는 등의 사유로 2차 시험을 치러 합격하였다. 어쩌면 인생에서 가장 중요한 시절에 앞으로 인생이 걸려있는 일 등에 신경을 쓰다 보니 잠시 마음 저 밑바닥에 웅크리고 있었다 해야 이치에 맞는 말일 것이다.

그런 자기 마음이 이렇게 설이를 보자마자 성급하게 평지돌출하듯 뛰쳐나온 것이다. 겨울을 지나 봄이 오는 길목에서 성미 급한 개구리가 얼음을 깨고 뛰쳐나왔다가 다 가시지 않은 추위에 화들짝 놀라 어느 햇볕 따스한 구멍을 찾아 기어들어가는 성미 급한 개구리를 보는 꼴은 아닌지?

성웅은 또 설이도 분명 대학을 갈 것이라 믿었다. 자기보다 공부도 더 잘하였으며 가정 형편도 자기 집과 같은 능금밭을 가진 과수원집 딸로 자기 집보다 좋으면 좋았지 나쁘지 않기 때문이다. 대학을 가지 못할 사유가 전혀 없었다. 대학을 가지 못할 사유라면 사내아이가 아니고 계집아이라는 이유와 아버지가 일찍 돌아가시고 계시지 않는다는 것이 이유라면 이유일 것이다. 그 후 들리는 말로는 설이 오빠가 자기도 대학을 나오지 않았는데 감히 가시나가 대학을 가겠다고 하면서 가지 못하게 했다는 얘기가 성웅 아버지가 공판장에 가서 들은 얘기를 밥상머리에서 어머니와 나누시는 말씀을 듣고 알았다.

그리고 설이 혼자 객지에 나가 취직을 해서 돈을 벌어 대학을 간다며 집을 뛰쳐나갔다는 말까지 들려왔다.(62년 12월) 얼마나 속이 상했으면 집까지 뛰쳐나갔을까 생각하며 자기가 설이의 오빠를 만나 설득하고픈 심정이기도 했지만 감히 니(너)가 뭔데 남의 집 일에 참견하느냐 하면 할 말이 없는 성웅으로서는 설이의 아픔을 헤아리면서도 아무것도 해줄 수 없는 자신이 한없이 밉기도 했었다.

그러다 훈련병 생활 중에는 아무것도 생각할 수 없을 정도로 몸도 마음도 고달팠다. 훈련을 마치고 내무반에 들어와도 잠들기 전까지는 자기 생각을 가질 시간이 없었다. 훈련병은 훈련 이외 그 어떤 것도 그 무엇도 생각할 겨를을 주지 않았다. 연병장에서 시달리고 잠들기 전 내무반에서 일석점호며 내무 검열 등 시달렸다. 직속상관 관등성명 및 복무 신조 암기하기 애국가를 4절까지 부르기 등 한 치의 빈틈도 주지 않는다. 그러다 보니 누우면 잠들기 바빴다. 훈련병은 훈련병일 뿐 자기 생각이 없어야 하는 것이 혹 군 방침이 아닐까 하는 생각까지 들었다. 훈련 중에는 미래 전쟁이 났을 때는 나라를 위해 총들고 싸우는 하나의 전쟁 도구일 뿐이다. 그러니 너희들은 그 도구로만 존재해야 하는 것이며 훈련병의 권리는 아예 생각도 못하며 오직 하나의 의무만 있을 뿐이다. 훈련병이 어쩌다 화이버(헬멧) 또는 다른 보급 물품을 잃는 경우는 화장실에 들어가 볼일 보는 다른 사병의 것을 몰래 벗겨 가져와 채우거나 아니면 집에 연락하여 돈으로 채우는 경우도 있었으니 정신적으로 여유를 가질 짬은 없었다. 그 후 배출 대대를 거쳐 사단 보충대에서 앞으로 군대 생활 3년을 복무해야 하는 포병대대에 배치를 받았다. 자대 배치를 받고는 자신은 알 수 없었지만 자대에서 무특 파견(정식 서류상 명을 받은 것이 아닌 부대 사정상 구두로 내리는 명에 의하여)으로 대대본부 행정반에서 사병계 조수 보직을 받았다. 그 직을 잘 맡아 할 수 있는 병사를 찾다 보니 아마 대학재학 중에 징집이 되어 현역 입대한 병사였으므로 자기가 맡게 되지 않았나 생각했다. 어떻든 당번이나 보초를 서지 않은 것 말고도 포병으로 받아야 하는 포병훈련도 열외로 받지 않게 되었다. 많은 동료 병사는 그때 김 이병은 아주 큰 백을 갖고 있는 모양이라면서 부러움 반농 반 삼아 묻기도 했다. 그러나 자신은 어느 누구에게도 자기의 군대생활의 평안을 위하여 남에게 부탁한 적도 없으며 또 그만한 힘을 가진 사람은 자기주위에 없을 뿐만 아니라 있다 한들 그렇게는 하지 않을 마음을 갖고 군에 입대한 것이다.

어떻든 무특 파견이란 군의 명령은 자기로 하여금 많은 시간적 여유와 정신적 육체적 고통을 현저히 줄어들게 하였으며 내무반 생활에서도 열외로 여유를 주었다. 조금은 여유 있는 병영 생활을 하던 어느 날이었다. 같은 행정반에서 병력계 일을 보고 있는 3개월 빠른 선임자가 편지 한 통을 주면서 '야, 김 이병 여자 친구인 모양이지. 전설이라, 이거 뭐 라디오 연속극에 나오는 전설의 고향을 얘기하는 것 같군 퍼떡 뜯어 봐' 하면서 봉투를 주는 것이다. 겉봉에는 고향 주소에 전설씀 이라 적혀 있다. 뜯어보니 첫머리에

'성웅에게, 전설이라 해서 디기(많이) 놀랬제? 나 준상이다. 전설이라면 네가 깜짝 놀랄 것 같아 겉봉에 전설이 이름을 적었다. 안 놀랬나?' 며 그간의 안부를 묻고 이런저런 이야기 중에 고등학교 3학년 말가까이 머리를 식힌다면서 K여고생과 미팅을 했을 때 같이 전설이와 함께 미성빵집에서 만났던 친구의 편지였다. 자기가 뽕 갔으니까? 너도 나 같은 마음일 것이다 고 생각했었다며 더욱 그 미팅이 있고 난 후 전설에 대해 여러 방법으로 알아보니 너하고 같은 고향이라 그때는 너도 잘 몰랐을지 모르겠다만 그 후에 너도 아마 알았을 것이라는 생각에 전설이라고 적었다며 어쩌면 너는 처음부터 가를(전설) 알고 있으면서 모른 척했을 것이다 라는 생각마저 든다며 괘씸죄에 대한 응징의 한 방법으로 겉봉에 전설이라고 적었다 한다. 자기는 대학 생활이 이런 것인가 할 정도로 의미를 찾을 수 없다며 이러려고 내가 대학에 들어왔나 싶다며 넋두리를 장황히 늘어놓으며 나도 너같이 군대나 갈까? 하면서 군에서 고생하고 있는 자기를 위로하는 말같이 들렸다. 그러다 말미에 흘러가는 얘기로 설이 이야기가 귀를 쫑긋하게 한다.

'너 기억할지 모르겠지만 고등학교 3학년 말에 K여고와 미팅했을 때 전설이라는 애 있었잖아. 나 보고 다들 뿅 갔다며 놀렸던 애 말이다. 그 애 시내 극장에서 봤는데 웬 늙수그레한 오빠 같은 사람하고 극장 왔더라. 보니 조금은 이상하더라. 집이 촌인데 대구까지 자기 친오빠하고 극장에 오는 것도 그리 흔한 일은 아니고 뭐 그렇다. 내가 일부러 찾아가 인사하며 슬쩍 물어보려 생각했었는데 마침 옆에 문디(친한 사람을 부를 때 쓰는 명칭) 가시나 하나 같이 있어 갖고 물어보지 못했다. 니(너)도 아마 기억할 끼라 생각한다. 실(쓸)데 없는 얘기했다. 총총 이만 끝을 맺는다. 휴가 나오면 만나자.'

그때 번쩍 설이 생각이 났다. 어느 여름밤 모기 쫓으려 피우던 등겨에 모닥불같이 연기가 피어나며 사방으로 휘날린다. 흩어지는 연기를 쫓아 하늘을 쳐다보면 연기는 어디로 날아갔는지 보이지 않고 어렵사리 하늘의 수많은 별과 만나게 된다. 지금까지 잊은 듯 마음속에 웅크리고 있던 설에 대한 기억이 꿈틀 깜깜한 밤 어둑한 뒷길에서 슬그머니 나타나 등을 탁 치면 깜짝 놀라 알 수 없는 불안 같은 것이 되살아나는 것이다. 오늘 따라 친구의 편지 탓인지 내무반에 누워 잠은 오지 않고 낡고 희미한 전구만이 달랑이던 내무반에 갑자기 환하게 네온불이 켜지듯 온통 주위가 환히 밝혀지듯 설이의 얼굴이 천장 가운데서 웃고 있는 것이다. 왜 내가 지금까지 잊고 있었던가, 이상할 정도로 생각되었다. 한번 생각이 나자 이제는 걷잡을 수 없이 설이가 보고 싶어진다.

단발머리며 갸름한 얼굴이며 보조개도 고운 여학생이었다. 여름철 꼭 낀 흰 교복 속에 숨어있는 가슴 가운데 볼록한 두 작은 봉우리는 양쪽 손바닥을 오그려 가슴 위에 올려놓으면 손안에서 한 치의 여유도 없이 꽉 찰 것 같은 느낌은 풋내기 남자들에게 황홀함을 안겨 주고도 남는 것이다.

마침 성웅은 휴가증을 받아둔 상태였다. 이 휴가증도 행운이다. 함께 근무하던 사병계 일을 보는 제대를 몇 달 남겨두지 않은 김 병장이 휴가를 가서 3개월이 지나도 귀대하지 않는다며 졸병이지만 자기와 같은 고향이니 찾아가서 데려오라며 내어준 7일짜리 휴가증인 것이다. 기쁜 마음에 휴가증을 받았다. 이상했다. 장병이 휴가 가서 귀대하지 않으면 미귀대 신고를 하든지 아니면 탈영 신고를 하면 될 터인데 이렇게 오래 귀대하지 않아(3개월)도 봐 주는 것을 보면 흔히들 하는 얘기로 돈으로 뇌물을 주었나? 아니면 무척 좋은 백이 있는 장병인가보다 싶기도 했으며 부대장이 같이 고생한 장병의 앞날을 생각해서 너그럽게 봐주는 참 좋은 군대 인정이 살아 숨 쉬는 군대인가 싶기도 했다.

어떻든 성웅에게는 군 입대 후 첫 휴가이니만큼 아주 가슴 벅찬 기쁜 일임에는 틀림없다. 내일 아침 신고하고 고향 앞으로 가 하는 가슴 가득 설렘인 첫 휴가인데 가장 먼저 생각나는 사람이 아버지 어머니가 아시면 매우 섭섭한 일이지만 설이인 것이다. 이번에 내려가면 만사 제쳐놓고 설이를 만나야겠다고 생각했다. 더욱 군대 입대하기 전에 들은 얘기도 있었고 또 며칠 전 받은 친구의 편지도 있고 하여 만나서 설이에게 직접 말을 들어 봐야지 생각하면서 아마 그 사이 잊었다 생각했었는데 잊은 것이 아니고 활화산이 더욱 활활 타기 위하여 땅 밑에서 잠시 에너지 보충을 위해 멈췄다 다시 터지면 더 크게 에너지가 분출 되는 것 같이 성웅의 가슴은 설이를 보고 싶은 마음에 벅차오르며 불길 가득 가슴 한가운데서 타고 있었던 것이다.

그리고 저녁에 집에 도착하여 밤에 부모님께 인사를 드리고 아침을 먹고는 바로 옆 읍에 같은 부대 있는 선임병이 휴가를 가서 귀대 날짜가 지났는데도 귀대하지 않아 같은 고향이라 자기가 함께 모시고 가려고 왔다며 오늘 그 선임병의 집에 가서 함께 귀대 날짜를 잡아야 한다며 생각지도 않은 휴가 이유에 대해 자초지종을 부모님께 말씀드리고 바로 선임병의 집을 가야 한다며 집을 나와 설이의 집으로 달려와 이렇게 설이를 만나서 추궁 아닌 추궁 심문 아닌 심문을 하는 것이다. 처음 몇 마디 말에 얼굴색이 변하는 것을 보고 사실이구나 생각했었는데 간단한 말 몇 마디로 의혹이 풀어졌다. 아니 그런 일 없기를 바라는 간절한 마음이 설이의 이야기를 믿기로 한 것이다.

그리고 군대 생활이나 열심히 하라는 핀잔에 울화가 치밀어 올랐다. 가시나 지가 머라꼬(무어라고) 내가 머 지 땜에 신경 쓴다고 택(턱)도 없는 소리 하지도 마라 내가 왜? 니(너) 땜에 신경 쓴다 말인가. 이웃에 살면서 이제까지 서로 알고 지내온 지난 세월이 아까워서다. 아니야. 니(너)가 잘못될까 봐 불쌍해서 그런다. 혼자 속으로 그렇게 말을 하면서도 자신이 무척 설이를 생각하며 어쩌면 어느 누구보다도 설이를 더 생각하고 마음에 있어 하는 것은 아닐까? 휴가 날을 받아놓고 잠 못 들어 한 것도 설이 때문이며 휴가 오자마자 가장 먼저 찾은 것도 설이 아닌가?

지나온 세월 동안 아니 초등학교 저학년 시절까지 능금 밭에서 깨금발 딛고 오줌 갈긴 일 이후 무슨 일인지 몰라도 설이가 토라지지 않았다면 지금까지도 설이와 계속 만남을 이어 왔을 것이다. 이 세상에서 설이 가족을 빼고는 자기만큼 설이를 만난 사람은 없다고 생각되었다.

짐짓 성웅은 생각과는 달리 길들여진 온순한 양처럼 애초 묻던 것과는 달리 풀 죽은 목소리로

"내가 머라 켔나(무어라 했었나)?"

"내 귀에 들리는 얘기가 니(너)한테 안 좋은 기(것이)라서 그래서 안

켔나(얘기했다).”

“그라고 조심해라. 다 큰 가시나가 남의 입에 오르내리는 것 그 자체가 안 좋다 아이가.” 성웅은 설이의 이야기를 믿는다는 투로 말을 바꾼다.

그때까지만 해도 당당했던 성웅도 설이의 변명 같은 한마디 말에 길들여진 강아지 모양 꼬리를 내린다. 아무 일 없어야 한다는 성웅의 간절한 믿음이 설이의 한마디 말에 고개를 끄덕인 것이다.

3. 성장 과정

성웅과 설이는 초등학교 동기생이다. 성웅의 집도 그리 멀지 않은 곳에 있다. 설이 집에서 왼쪽으로 나와 한 오백 미터 가다 또 왼쪽으로 돌아가면 길과 조그마한 도랑이 평행선이 되어 달려가는 길 따라 가면 또 왼쪽으로 조그마한 길과 연결된다. 그 길 따라 한 삼백 미터쯤 멀지 않은 곳에 한낮에도 탱자나무와 덩굴이 엉켜져 어둑한 속칭 도깨비굴이라고 부르는 좁은 길이 보인다. 조금 걸어가면 그 옆에 대문이라고는 할 것 없는 굵지 않은 나무와 철사줄로 엮어 만든 문이 성웅의 과수원이다.

초등학교 5년간을 눈이 오나 비가 오나 함께 다녔다. 어느 여름날 학교를 가려고 낮은 다리까지 왔었는데 폭우가 쏟아져 큰 물(홍수)이 되어 낮은 다리가 출랑출랑 물에 잠길듯하여 장정들은 바지를 접고 건널 수 있어도 초등학생인 성웅도 설이도 건널 수 없어 다시 집으로 돌아와야 했으며 어느 여름날에는 수업 중에 꼬지래기(소나기)가 쏟아져 내렸다.

선생님 말씀이

“야들아 소나기가 저렇게 내리는 것을 보니 다리가 물에 곧 잠기겠다.”

“강 건너 사는 설이 그리고 화자 또 누구더라 빨리 가거라.”

대표나 되는 듯 설이 화자 이름을 부른다. 두 학생 외에 세 학생도 선생님 하시는 말씀이 다 끝나기도 전에 모두 책가방을 들고 일어서며

“선생님 고맙심더.(습니다) 내일 뵙겠심더.(습니다)” 꾸벅 절하고는 다섯이 책 보따리를 챙겨 냅다 뛰어 면 소재지 아래 낮은 다리 앞 방천 둑에 다다른다. 언제 왔는지 몰라도 성웅은 먼저 와 있었다. 이미 다리는 물에 잠겨 건널 수 없어 둑에서 함께 발을 동동 구르기를 수없이 했다. 그런 날이면 누가 먼저랄 것도 없이 어디에서 잠을 자나 걱정을 하며 뉘엿 붉게 물들어가는 서쪽 하늘을 바라보며 한숨을 쉬며 우산 아래서

“니(너)는 우얄(어떻게 할)래?”

설이는 이렇게 얘기하면서

“나는 덕시(덕성)에 있는 우리 작은집에 가면 되는데.”

“니(너)도 같이 갈래?” 하는 것이다.

그러면 성웅은

“내가 우에 그기 가노? 니(너) 혼자 가거라. 나는 여기 있다가 물이 빠지면 그때 집에 가야지.” 한다. 비가 그쳐도 물은 줄지 않고 밤늦게까지 서로 걱정했던 일이 엊그저께 같이 느껴진다.

한 반 60여 명 중 강 건너 사는 아이들이 대충 대여섯 명은 되었다. 또 아침에 비가 내리는 어느 날이었다. 둘이 우산을 들고 평소와 같은 걸음으로 낮은 다리 앞에 오니 강물이 불어 누런 황토물이 뱀의 형상을 하고는 집어삼킬 듯이 꾸불꾸불 몸을 비틀며 느릿느릿 걸음으로 다리를 집어삼키고는 온갖 것을 싣고 유유히 낙동강을 향해 흐르는

것이다. 이곳은 아침에 내리는 비였지만 아마 강 상류에는 어젯밤에 폭우가 쏟아진 것을 라디오 방송을 통해서 늦게 알았다.

그런 날은 학교를 가지 못하고 재빨리 돌아와 성웅은 자기 집에 갈 생각도 않고 설이 집에서 함께 그날 배울 과목을 공부하기도 하고 가위바위보 놀이를 하면서 지는 사람은 팔을 걷어 놓고 호호 입김을 불어가며 둘째와 셋째 손가락을 모아 때리기도 하거나 설이 머리카락을 한 손으로 올려붙이며 이마를 셋째 손가락으로 퉁겼던 기억이 새록새록 다시금 새롭게 묻어나는 것이다.

어릴 때는 아무것도 모르고 넓은 과수원이 좁다며 뛰어놀며 동무로 살았다. 초등학교 고학년으로 올라가 어느 날 있었던 일이다. 어제까지만 해도 설이는 남자와 여자에 대해서 깜깜했다. 성웅은 더더욱 몰랐다. 너와 나는 친구다. 너는 빡빡 머리를 깎고 나는 머리를 길게 기르고 너는 바지를 입고 나는 치마를 입었다. 너는 서서 볼일을 보고 나는 앉아서 본다. 너는 여자고 나는 남자다. 성웅과 나는 그저 조금은 다르다. 그 이상 다른 무엇을 생각하지도 않았고 생각할 필요도 없었다. 친구로 잘 지냈다. 아무렇지도 않았다. 남자 여자 이름만 다를 뿐 같이 노는 데는 하등 상관이 없으니 다른 무엇을 생각할 필요도 알 필요도 없었다. 학교에서는 여학생은 고무줄놀이를 하면 남자애들은 따라다니면서 고무줄을 끊으려는 개구쟁이 남학생도 없지 않았다.

성웅은 언제나 짓궂은 친구의 행동을 따라다니며 말리려 했다. 왜냐하면 설이가 있기 때문이었다. 그러던 성웅이 오늘은 설이 보는 앞에서 엉덩이를 앞으로 쑥 내밀면서 깨금발(발 뒷굽을 들고)을 하고 오줌을 누는데 그것도 나를 보세요, 내 오줌발이 얼마나 멀리 가는지 보세요 하는 듯 엉덩이를 왼쪽으로 돌리며 오줌을 갈기기도 하고 또 오른쪽으로 길게 오줌발이 원을 그리며 누기도 한다. 그날따라 오줌 양도 그렇게 많은지, 또 오줌발이 높이 멀리멀리 누는지 알 수 없었다. 땅에 떨어진 오줌 줄기에 가느다란 수증기와 함께 작은 먼지를 일으키며 오줌이 웅덩이 물같이 고인다. 설이는 자기와 다르다는 것을 확실히 느꼈다. 아이코 저 종내기 하는 짓 봐라 하면서 그때부터 참 희한하다 생각하고서는 처음으로 낮 뜨거움을 느꼈다. 이성에 눈을 뜨기 시작했다. 얼굴이 붉어졌다. 저 종내기 별짓 다한다. 눈을 손으로 가리며 보는 설이의 눈에 비치는 성웅의 모습에 자기도 모르게 얼굴에 붉은 빛을 띄운다. 그때부터 어쩐지 성웅이 얼굴 보기가 예전 같지 않았다. 남자로 보이기 시작한 것이다. 그런 마음이 드니 어쩐지 같이 노는 것도 부담스러워졌다. 그런 설이를 보고 성웅은 아무것도 느끼지 못했는지 자기의 말에 대답도 하지 않는 설이를 쫓아가면서

"야, 니(네) 와 그라노(왜 그러느냐)?" 한다.

고개를 까딱이며 저 가시나가 내가 싫어졌나 하면서 울상을 한다. 전에는 그러지 않았는데 묻는 말에 대답도 잘 하지 않고 무어라 그러면 새침해지기도 하고 무엇인지는 몰라도 자꾸만 멀어지는 어쩌면 자기를 싫어한다 생각되기도 하는 것이다. 또 어떤 날은 잠자리 두 마리가 꽁무니를 물고 아래위로 포개져 날아다니는 것을 보고 성웅은 아무것도 느끼지 못한다. 설이는 잠자리 두 마리가 무엇을 하는 것인지 아는 눈치다. 그런 광경을 보고 성웅은 긴 막대기를 들고 죽으라고 잠자리 뒤를 쫓아 온 과수원을 돌기도 하지만 사람이 아닌 아이가 어떻게 날개를 가진 잠자리를 따를 수가 있을까? 하는 짓이 가당찮다고 생각하는지? 아니면 한심하다 생각하는지? 설이는 물끄러미 바라볼 뿐이다. 잠자리는 날 잡아 보세요, 하는 듯 여기저기로 날아다닌다. 설이는 이제는 별말도 아닌 말에 신경질을 부린다. 전에 같으면 예사로 들리는 말인데도 설이는 발끈한다.

설이는 성웅이가 한 무언가 말에 화가 났는지 앙칼진 목소리로 확 뱉는다.

"니(너) 그 칼라 카면(그렇게 하려면) 너거(너희) 집에 갔뿌라(가버려라)." 하면서 흔히들 성난 아이들 발걸음으로 발을 동동 구르며 팔을 앞뒤로 세차게 흔들며 폴딱폴딱 뛰는 걸음걸이로 방문을 열고 들어가 방문을 확 닫는 것이다. 성웅도 무슨 일인지 몰라도 설이가 이제는 자기를 싫어하는 것으로 판단한다. 성웅도 그 말에 응답이라도 하듯

"가시나 니(너) 가라 카면 못 갈까봐(가라고 하면 가지 못 할까봐)"

하면서 홱 돌아서며

"니(너) 그 카면(그렇게 말하면) 내 머 겁 낼 까바(것 같은가)?" 하면서

씩씩거리면서 집으로 돌아왔다.

남자아이는 여자아이보다 이성에 눈뜨는 시기가 늦기 마련인가 보다. 설이는 성웅의 그 오줌 누는 것을 보고서는 확실히 자기와 다르다는 것을 느끼면서 부끄러움을 알게 되었다. 서먹서먹한 분위기가 한동안 이어오다

"니(너) 그 칼라 카면(그렇게 하려면) 니거(너희) 집에 가뿌라(가버려라). 하며 방문을 열고 획 방안으로 들어간 그날부터는 보고도 알은 체를 하지 않았다. 싸우지 않았는데도 싸운 사람처럼 되었다. 다른 아이들은 둘을 보고 너거(너희) 둘 붙어 다니더니 와 싸웠나? 얼레리 꼴레리 하고 놀려대며 요즘은 통 같이 붙어 다니지 않느냐? 하며 묻는 것이다. 그러면 둘은 똑같이 한 손으로 머리를 긁적이며 싸우기는요 하면서 얼버무려 버린다.

둘은 서로 보고도 못 본 체하였다. 그러다 보니 언제부터인가는 완전히 싸운 사람처럼 되었다. 그러니 자연히 그러면 니(너)가 이기나 내가 이기나 한번 해보자는 심보가 발동한 것이다. 누가 물으면 둘은

싸우기는요 안 싸웠심더(습니다.) 하면서 돌아서 자기 갈 길을 갔다. 둘은 그렇게 지내면서 자그마치 세월이 흘러갔다. 매일 같이 오던 성웅이 오지 않자 설이 어머니가 설이에게

“야야! 니(너) 도깨비 집 가 하고 싸웠나. 요세(요즈음) 가(그 아이) 통 안 오데?” 그러한 어머니 물음에

“싸우기는요, 안 싸웠심더(싸우지 않았습니다).”

“그 종내기(머슴아) 내 싫다면 다른 아 하고 안 노는교(애 하고 놉니다).”

“묻지 마이소. 이젠 그 종내기(사내아이) 꼴 보기도 실 심더(싫습니다).” 하고서는 입을 삐죽하고는 밖으로 뛰어 나갔다.

그런 세월은 초등학교를 졸업하고도 이어졌다. 설이는 대구에 있는 세칭 일류학교 1차에 합격하였다. 성웅은 1차 시험에 떨어지고 2차에 합격하였다. 성웅은 고모부가 직물공장에 다니시며 고모가 살림을 도우려 몇 명의 하숙생을 받고 계셨다. 고모집이 학교와 가까워 자연히 고모집의 하숙생이 되었다. 성웅의 아버지는 안 그래도 여동생이 사는 꼴이 말이 아님을 모르는 것은 아니지만 가난 구제는 나라에서도 어찌할 수 없는 속담과 같이 돕고 싶으나 자신의 재력으로는 터무니없는 일, 마음 졸여 오던 중에 아들이 대구에서 학교 다녀야 하니 안 그래도 어쩔까 생각 중에 동생을 도와준다는 마음으로 자식을 동생에게 맡기고 한 달 생활비를 주면서 얼마간 더 얹어 보탬을 주어야 하겠다 생각하니 이런 안성맞춤이 어디 있느냐 생각한다. 설이는 집에서 통학하다 보니 방학 때가 아니고서는 만날 기회조차도 없을 뿐만 아니라 둘 다 도회란 큰 도시에 또 중학교란 새로운 환경에 접하다 보니 설이도 성웅도 서로 지난날은 잊어버리고 새로운 환경에 적응하느라 다른 곳에는 신경 쓸 겨를이 없었다.

4. 잊은 듯이

고등학교 2학년 여름방학 때 초등학교 동기생모임에(61년 7월) 참석하여 2차 회식 중에 술잔 사건으로 만나고 난 후 고등학교 3학년 여름 방학을 마치고(62년 10월 초) 어쩌다 그룹미팅에서 우연히 만난 후 그리고 오다가다 어쩌다 스쳐 지나가는 얼굴로 봐온 만남 외는 한동안 둘은 거의 만난 적이 없었다. 서로가 까맣게 잊고 있었다.

고등학교 3학년 여름방학 때 일이다. 여름 장맛비가 지겹도록 내린다. 온 천지가 물로 가득 차고 물러터질 듯 습기가 마음마저 휘감아 아주 기분 나쁜 날들이 계속되었다. 옛 어른들은 장마보다 가뭄이 낫다고들 하셨다. "칠 년 가뭄에는 살아남아도 석 달 장마에는 못 산다"는 말이 전해지는 것만 보아도 알 만하다. 요즘도 장마에는 물러터진 곡식이나 과일이 상품 가치를 잃어 내다 버려야 한다. 몇 푼 되지 않는 돈은 운반비도 나오지 않는다. 그러다 보니 밭에다 두고 갈아 엎어 버리는 경우도 가끔 본다. 가뭄에는 그래도 물을 퍼주고 잘 관리하면 당도도 높고 상품 가치가 있는 과일을 만들 수 있으니 당연히 장마보다 가뭄이 낫다는 말이 맞는 말이다. 어떻든 자연은 모든 것이 다 적당히 내려주고 비춰주고 해야 사는 사람들은 살맛이 나는 것이다.

그렇게 온종일 비가 오락가락하는 날이었다. 설이는 면소재지에서 아버지가 병원을 하는 친구 집에 갔다. 병원 입구에서 우연찮게 목발을 짚고 쩔뚝거리며 나오는 성웅을 만났다. 설이는 성웅을 보면서 깜짝 놀랐다.

그 사이 알은 척도 안 했던 일들은 까맣게 잊고 한 번도 생각해본 적도 없는, 더욱이 병원 앞에서 작지를 짚고 나오는 성웅을 보고는 이런 저런 생각할 겨를도 없이 반가운 마음과 걱정되는 마음에서 동시다발로 묻는다.

"니(너) 많이 다쳤나? 우애된 일이고?" 한꺼번에 묻는다.

그 사이 둘은 이웃에 살면서도 소식이 없었다. 성웅이 다쳤다는 것을 몰랐던 것도 미안한 일이고 하여 정말 걱정하는 마음으로 물은 것이다.

성웅은 설이의 이 물음에 아주 묘한 기분이 들었다. 어찌 보면 울음 섞인 것 같은 물음(설이는 단지 측은한 생각이 들었을 것인지도 모르지만)이 여운이 되어 자기 가슴을 촉촉이 적신다.

야가 디기(많이) 놀라며 묻는 것을 보니 설이는 아직도 나를 생각하고 있었구나 라는 생각이 미친다. 한편 설이는 성웅을 보니 야(성웅)가 고등학생 되더니 목소리도 변하고 턱에 까뭇까뭇 수염도 자라고 이젠 여자에 대해 무언가 아는 눈치다. 성웅이 엉덩이를 앞으로 한껏 내밀며 철없이 휘저으며 내갈겼던 능금나무 아래서의 시원했던 오줌발이 모락모락 피어나는 짚불의 연기처럼 먼지가 일어나던 일들이 퍼뜩 스쳐 지나간다. 얼굴이 붉어진다. 성웅도 같은 생각을 했었는지 모르지만 자기도 모르게 뒷머리로 손을 가져가며 긁적이는 미안한 모습에서 지난날의 아련했던 추억을 만지작거리는 것은 아닐까 생각하니 설이도 동병상련의 마음을 가진다. 얘가 나를 잊지 않고 있구나 생각하니 마음이 설렌다.

성웅이 입을 연다.

"몰랐나? 내 교통사고 안 나뿐나?"(63년 7월초) 설이가 그 말을 받아 다시 묻는다.

"그래 우야다가 그래 됐노(되었느냐)?" 다시 말을 받아

"급한 일 있어 택시를 타려다가 너무 급한 김에 여는 문에 부딪쳐 넘어졌다." 다시 설이 묻는다.

"그래 지금 괜찮나?" 성웅은 다시

"너머(넘어)지면서 다리를 안 뿌라뿟나(가 부러졌다)."(63년 7월)

"그래서 기부스 안 했나(깁스했다)." 설은 허리를 굽혀 성웅의 깁스 한 다리를 만지면서

"안 아푸나(아프지 않느냐?)"

"다른 데는 다친 데 없고 뼈만 뿌라뿟나(부러졌나)?"

사건은 이렇다. 성웅이 말하는 급한 일이란 어떤 깡패가 성웅에게 돈을 갈취하려는지 앞을 막으면서 다섯 손가락을 아래로 오므리면서

"야 임마, 너 이리 좀 온나(오너라)." 하므로 겁도 나고 해서 도망간다고 오는 택시를 세워 급히 타다 문에 부딪히며 인도에 넘어졌다. 운이 나빠서 그러한지 어렵잖은 일인데 다리가 부러졌다. 택시 기사가 놀라 내려오고 하는 통에 깡패 녀석은 어디로 도망가 버리고 바로 그 택시를 타고 가까운 병원에 갔다. 다리가 부러져서 깁스를 했다. 방학 중이라 고모집에 계속 있는 것도 불편스러워 시골로 내려온 것이다.

성웅은 이왕 만난 김에 어디 가서 이야기도 할 겸 몸에 별 이상이 없다는 표현을 한다.

"의사 선생님이 시간이 지나면 자연히 낫는다 캤다(하셨다)."

"그런데 오늘 아침에는 우얀 일인지 다리가 저려 혹시 하고 오늘 병원에 안 와 봤나." 이 말에 설이가 다시 묻는다.

"의사 선생님이 머라카시더노(무어라 말씀하셨어)" 성웅은

"괜찮다 캤다." 그러고 나서는 묻지도 않는데

"여름방학 동안 이렇게 하고 어디 가겠나? 집에 죽치고 있어야겠다." 다시 설이가

"치료 다했나?" 성웅이

"그래 다했다, 아니 치료 할 것 없다 캤다."

"이렇게 하고 있으면 낫는다 캤다."

성웅은 머뭇한다. 설이를 보면서 어디 가 이야기라도 하고 싶은데 말을 마치자 어디서 오토바이 소리가 들리더니 성웅이 아버지가 오토바이를 타고 나타나신다. 설이는 성웅을 보고

"저기 너거(너) 아부지 아이가? 아마 니(너) 데리려 오신 모양인가 보다?" 말을 마치기 무섭게 성웅이 아버지가 오토바이에서 내리시며 설이를 보고 추궁하듯 물으신다. 성웅의 아버지는

"너거(너희들) 우애 만났노(만났느냐)?" 하시면서 설이를 빤히 쳐다보신다. 설이 보고 안부를 묻는 것이 아니라 어떻게 만났는지가 더 궁금하신 모양이다. 그 물음 속에는 무언중에 니(너, 설이)가 알랑방구를 쳐서 성웅을 꼬셔내 만나기라도 한 것 아닌가 하는 의심의 말씀으로 들린다.

성웅의 아버지는 설이가 못마땅하다. 자기 아들보다 공부 잘하는 것도 그렇고 키가 큰 것도 그렇고 하얀 피부며 심지어는 눈까지 커다랗다. 검은 눈동자에 황소 눈같이 껌뻑거리는 것도 싫다. 지금도 서 있는 모습을 보면 그렇다. 아들이 작지를 짚고 펀치 못한 허리 탓에 구부정하게 서 있으니 더 왜소해 보인다. 아들 앞에 서 있는 설이 아들보다 큰 키 훤칠한 그 모습에 울화통이 치미는 것이다. 그러니 자연히 말이 부드러워질 수가 없고 말에 가시가 박혀 퉁명스럽고 툭툭 쏜다.

"아저씨 안녕하세요?" 꾸벅 머리를 숙이는 설이의 인사를 받는 둥 마는 둥 아들을 보고

"타라" 하면서 아들이 타기를 재촉한다. 성웅은 설이 보기가 민망하다. 아버지에게 한마디 한다.

"아버지는 참 설이한테 인사 안 합니꺼(합니까)? 인사는 받아야지요?"

성웅의 아버지는 시큰둥하다. 힐끔 설이를 보면서 퉁명스럽게 한마

디 툭 던지신다.

"그래 왔나" 한마디 하고는 뒤에 아들이 앉는 것을 보고는

"야 그만가자" 하신다. 설이가 고개를 숙이며

"안녕히 가세요." 인사도 끝나기 전에 부릉 시동을 걸며 약간의 먼지를 일으키며 집을 향해 떠난다. 둘은 서로 인사도 하지 못하고 헤어졌다. 둘에게는 아쉬움이 남는 일이다. 성웅은 아버지만 아니었다면 설이와 더 얘기를 할 수 있었는데 아쉬운 마음을 지울 수 없었다. 이렇게 살아가는 중간 중간에 생각지도 않은 만남은 서로에게 내가 여기 있다면서 서로 일깨움을 주는 것은 아닐까?

또 중학교를 졸업할 때 일이었다. 이웃에 살며 시장에나 공판장에 간다든지 하면서 자연히 서로 가족들을 만났다. 애들을 어느 고등학교에 보내려는지 어른들은 궁금하기도 하였다. 서로 물어 보기도 하고 정보를 교환하며 대구에서는 '여자'란 두 글자만 들어갈 뿐 학교명이 같은 K고등학교 즉 가장 이름이 난 일류고등학교를 가야 한다고 진작부터 서로 경쟁이나 하듯 말하였다. 고등학교 시험을 얼마 앞두지 않은 어느 날 오빠가 동생 설이에게 물었다.

"야야, 성웅이 아버지를 오늘 만났는데 아들이 이번에 K고등학교 시험 친다 안 카나."

"그 학교 갈라 카면 공부 디기(아주) 잘 해야 하는데 가(성웅)가 공부 잘 했나?"

오빠는 과거 국민학교 다닐 때 공부를 잘했느냐 물으시는 것인지 아니면 중학생인 지금 공부를 잘하느냐? 물으시는 것인지 설이는 헷갈렸다. 그래서 설이 대답이

"성웅이 말입니꺼(말씀입니까)? 가요(성웅이) 국민학교 때는 별로니더(별로입니다)."

“그라고요 중학교 가서는 모르겠심더(모르겠습니다).

“가 친구들 말로는 잘은 모르겠심더만(모르겠습니다만) 중학교 가서는 열심히 공부한다 카데예(들었습니다).”

국민학교 때는 다른 반이었지만 성웅이보다 설이가 공부를 더 잘했다. 반이 달라 정확한 비교는 할 수 없지만 설이는 초등학교 6년 동안 우등상을 놓친 적 없는 데 반해 성웅은 한 번도 우등상을 받은 적 없다.

성웅의 아버지는 무슨 일인지 모르지만 밖에서 화가 나서 술을 한 잔 자시고 들어오셔서 아들 녀석에게 분풀이라도 하시려는 듯 설이와 비교하면서 아들 녀석을 심히 꾸짖었다.

“사내자식이 그 깐 계집애도 받아오는 상 한 번도 받아오지 못하고 차고 있는 부랄 띠가 마당 있는 개한테 던져 뿌라(버려라) 묵구로(먹도록).”

“보기 싫다. 어디 나가 디저 뿌리든지(죽어 버리든지)?” 하시며 역정이 대단하셨다.

옛날 우리 어른들은 많은 분들이 자식의 장래를 생각하고 하시는 말씀이 어떤 말씀을 하셔야 되는지도 모르셨다. 아니 알려하지 않으셨다. 대대로 농사만 지으시고 배운 것 없는 아버지로서 한계이기도 하셨지만 조금만 지혜로웠으면 어떤 말이 자식에게 도움이 되는 말인지 가려 했을 것이다. 지식은 부족하셨다 해도 여러 곳에 출입을 하시어 조금만 여러 가지 세상일들을 살펴보시고 지혜를 얻으셨다면 아들에게 상처가 되는 말을 하지 않았을 것이다.

나가 디져뿌라(죽어버려)는 말은 예사로 쓰는 말씨였다. 아들에게 한 이 말씀이 아버지의 진심이 아니라는 것을 잘 알기 때문에 한 귀로 듣고 한 귀로 흘릴 수 있으며 자식으로서 부족한 자신을 돌아보는 계기로 삼는 것이지만 이런 말씀도 한두 번이 아니니까 마음 안에 멍울로 쌓이는 것이다.

이놈 어디 나가 뒤져뿌라(죽어버려라) 하시면서 심지어는 입에 담을 수 없는 말을 하시면서 어떤 날은 술의 힘을 빌려서 지게 작대기를 마구 휘두르는 경우도 있었다. 닦달하고 윽박지르고 심지어는 신체적 가학도 서슴지 않았다. 그야말로 자식을 기르는 방식이 짐승 대하듯 한 경우도 없지 않았다. 두들겨 패는 것이 목수가 연장으로 집수리하듯 맞추고 두드리고 다루고 꿰어 맞추면 사람도 그렇게 되는 줄로 믿는 모양이다.

해방 후 그리고 6 · 25 한국전쟁 혼란기에는 외국의 구호물자로 연명해 갈 정도로 그때는 모두가 가난했다. 없는 집 자식으로 태어나서 못 먹고 못 입고 자랐다. 옛날에는 어쩐 일인지 가난한 집일수록 자식들이 많았다. 아닌 이야기로 돈이 없으니 취미 생활이라든지 다른 어떤 즐길 놀이가 없거나 있어도 돈이 드는 일이라면 할 수 없으니 오직 아이 만드는 일이 가장 즐거운 놀이라며 그러니 자식이 많을 수밖에 없지 않느냐 라는 우스갯소리도 없지 않았다. 실증론으로 얘기하면 일본 강점기 때에는 성웅의 집도 가난했다. 그러니 형제가 많았다. 자랄 때에도 형제간에 경쟁하면서 아니 싸우면서 컸다. 먹을 것 하나라도 우물쭈물하다가는 차례를 놓치기 다반사다. 그러니 먼저 먹으려 하다 보면 아귀다툼은 좀 과한 말이지만 서로 다투었다. 형제끼리 경쟁하듯 싸우며 자란다는 말은 성웅이 집을 두고 하는 말인 것이다.

줄줄이 6남매에 성웅이 아버지가 맏이고 보니 아버지의 기대도 유난하였으니 결코 나무랄 일은 아닌 듯하다. 아버지 입장에서 보면 어쩌면 당연한 일인지 모른다. 일제 강점기에 아버지 형제 그러니까 삼촌이나 고모들이 좁은 집에 우글거렸다. 조금이라도 식구들의 입을 덜기 위하여 일찍 일본인 과수원에 일꾼으로 들어갔다. 삯도 없이 수

년간 일을 하였다. 해방이 되고 일본인이 물러가고 나서 자연히 과수원을 차지하게 되었다. 많은 과수원 주인들은 일제 강점기 시 일본과수원에서 일꾼으로 일을 하다 해방이 되고 일본인들이 귀국을 하고 나서 임자 없는 소위 적산(敵産) 재산인 과수원을 차지한 것이 오늘에 이르렀다.

열심히 일한 덕분에 일본인 과수 주인에게 인정을 받기도 했지만 천성이 어질게 태어나 잠시도 쉬지 않는 성품이 현재의 성웅의 아버지를 만들었다 해야 할 것이다.

아들에 대한 열정이 꾸지람으로 나타났으며 간섭하고 채찍질하며 닦달함으로서 자기의 자식이 잘될 것으로 믿으며 이것이 자식 사랑의 한 방법으로 철석같이 믿는 것이다.

그 후 중학교 입학 결과는 설이는 1차 시험에 합격하여 애초에 희망했던 학교에 갈 수 있었으나 성웅은 1차 시험에 낙방의 고배를 마시고 어쩔 수 없이 그만 못한 세칭 이류 중학교에 가야만 했다. 성웅의 부모님은 마음이 몹시 상하셨다. 자기 자식은 아들이고 더욱 아버지도 없는 설이는 보기 좋게 1차에 떡하니 합격했는데 자기 자식은 보기 싫게 미끄러진 것이다. 그러다 보니 성웅은 아버지의 상하신 마음을 이해하지 못하는 것은 아니지만 자기가 설이와 비교해서 설이보다 못하다 하시는 아버지의 상하는 마음보다 설이와 같은 레벨에서 밀려나 앞으로 설이와 함께 할 수 없다는 생각으로 마음이 더 아파왔다. 레일 위의 두 바퀴같이 언제나 함께 달리면서 많은 시간을 이야기하며 즐길 수 있는 기회를 상실했다는 생각이 더 마음을 아프게 했다. 또 설이는 자신을 어떻게 생각하든 스스로 비교가 불가능할 정도로 열등감이 생겨 거리감은 어쩔 수 없이 더 벌어질 수밖에 없었다. 만남은 더욱 뜸해지고 세월은 흘러갔다.

중학교 들어갈 때 그랬던 것처럼 고등학교 들어갈 때도 어쩌면 그렇게도 판박일까? 비교하는 것은 아니지만 성웅의 집에서는 어쩌면 계집애 하나도 이기지 못하나 하는 마음이 없지 않았을 것이다. 둘 다 쑥쑥 몸도 자라고 앎도 많아지고 넓어지고 깊어지면서 학생 본래의 의무인 공부도 열심이었지만 나는 누구인가? 나는 무엇인가? 나는 어디서 와서 어디로 가는 걸까? 젊은 사람이면 누구나 다 한 번쯤은 생각하는 인간 본연에 대한 의문에까지 눈을 돌리게 되었다. 그러다 보니 미래에 대한 그림도 그려가며 또 한 편으로는 서로를 잊은 듯 마음 저편에 남겨두고 새로운 얼굴들과 사귀며 새로운 경험을 얻고 서로가 잊은 듯 생활하게 되었지만 가족들로 인하여 소문을 듣고 전하고 입에 오르내리면서 간접적인 만남은 언제나 잊을 만하면 다시 뇌리에 각인시키고 있다 해야 할 것이다.

무엇인가 딱 부러지게 네가 좋다 너를 사랑한다는 것은 아닐지 몰라도 다른 사람 입으로 무언가 나쁜 소리를 들을 때에는 쌍심지를 켜고 귀를 쫑긋해 듣기도 하고 말하는 사람으로 하여금 낭패스러울 정도로 물고 늘어진다든지 아니면 자기가 가족인 양 장황하게 변명을 한다든지 상대가 의아하게 생각하며 난처하게 만들기도 하는 것이다.

어느 날 성웅이나 설이 둘 다 잊은 듯 마음 뒤편의 일들을 끄집어내야만 하는 일들이 생겼다. 생각지도 못했던 일이 둘에게는 지난날을 돌아보게 하는 계기가 되었다.

5. 서클

설이는 고등학교 3학년 초(62년 4월) 봄에 있었던 일이다. 설이는 서클이라고 할 것 없었지만 언제나 함께 다니면서 마음을 나누는 친구가 있었다. 서로가 마음속에 있는 은밀한 일까지도 얘기하며 자기 것 무엇 하나 빼주어도 아까울 것 없는 다섯 명의 친구들이 있었다. 설이는 촌에서 대구로 통학하기 때문에 가끔은 빠지기도 하고 늦기도 하며 때로는 빨리 일어나 빠져나오기도 하지만 거창한 곳은 아니더라도 여기저기 빵집이며 길가 국화만두 집이며 때로는 미성년자 관람불가라는 영화를 보려 언니나 심지어 친구 어머니의 옷을 몰래 얻어 입고 함께 가서 구경하며 어울려 다니기도 했다.

그런 어느 날이었다. 같이 함께 늘 어울려 다니던 친구 하나가 오늘은 다 함께 D고등학교 남학생과 미팅하기로 약속했다면서 우리도 다섯 저쪽도 다섯 나오기로 했으니 오늘은 한 사람도 빠짐없이 다 같이 가야 한다는 선언에 가타부타 말할 수 없는 처지가 되어버렸다. 또 학교는 그래도 모두가 반에서 일 이등 하는 애들이고 다들 서울에 있는 대학을 가려는 학생들인데 우리 옆집에 사는 아주 착한 애가 이야기한 것이니까 믿어도 된다는 것이다. 고등학교 2년 동안 민숭민숭하게 지내왔다. 돌이켜 보아도 기억에 남는 일이라곤 없다. 무미건조한 누구나가 다 가지는 일들 외에 학교 가고 공부하고 집에 오고 때로는 영화 보고 야구 구경하고 소풍 가서 노는 정도 외엔 기억할 것이라고는 없었다. 한 번쯤은 해보고 싶은 유혹도 없지 않았다. 열차 시간은 간당간당하지만 아니면 차 시간이 늦으면 중간에 나오더라도 아니 대구에서 자는 한이 있더라도 어쩔 수 없다. 같이 가기로 마음을 정했다.

우리 다섯 명은 버스를 타고 시내에 있는 빵집으로 향하였다. 시내버스 정류소에서 내려 한 5분 정도 걸어가니 빵집이 보였다. 설이는 생각해 본다. 옆집에 사는 성웅이 외에 말 물음을 하며 대화다운 대화를 한 남학생이 있었던가? 더욱 성웅이도 오줌발 사건 이후에는 어쩌다 우연찮게 스쳐 지나가다 만난 적 있어도 그 외는 만난 적이 없었다. 통학하면서 아는 남학생들은 그저 옷깃 스치듯 지나가는 얼굴일 뿐이다. 아니면 따라다니며 귀찮게 하는 남학생들은 거의 불량 학생이거나 말썽을 일으키는 학생들인 관계로 말 물음에 말을 섞지 않았던 것이다. 그러니 남학생 아니 남자라고는 그의 숙맥인 관계로 뒷짐을 진 채 제일 꽁무니에서 병아리가 어미 닭 놓칠세라 졸졸 따라가듯 따라 들어갔다.

꽤 넓은 홀 안에 여기저기 젊은 손님들이 앉아있고 안쪽 구석진 좌석에 모자는 벗은 채 학생복을 입은 다섯 명이 일어선다는 것이 엉덩이를 붙인 채 고개를 숙이고는 맞은편 의자에 앉으라는 것이다. 들어간 차례대로 의자에 앉고 나는 제일 늦게 들어간 관계로 벽에 붙어 있는 의자에 고개를 숙인 채 엉덩이를 밀어 넣으며 앉았다.

한 남학생이 일어나서는 인사말을 시작한다. 고개를 까딱하며

"저는 D고등학교 3학년에 재학 중입니다."

"보시는 바와 같이 보는 사람마다 잘 생겼다는 이야기를 귀 아프도록 듣고 있는 미남 김동철입니다." 너스레를 떨며 하는 이 이야기에 모두는 소리 내어 웃지는 않지만 입가에 미소를 띠며 말하는 학생을 본다. 또 그 학생은

"보는 눈도 있고 하니 앉아서 말을 하겠습니다." 하면서 자리에 앉는다. 어디에서 사회를 보았는지 아니면 말할 기회가 많은 학생 간부이거나 아니면 교회 같은 곳에서 신앙생활을 하면서 활동을 했거나 술술 말을 잘 이어간다.

"가슴이 불타는 우리 젊은 영혼들은 열심히 공부를 해야 하는 것이 본분임을 너무나도 잘 알고 있습니다."

"더욱 3학년인 우리들은 대학입시를 눈앞에 두고 있습니다."

"인생의 방향을 결정할 대학입시를 앞두고 있는 이 시점입니다만"

"우리들은 공부하는 기계가 아닌 만큼 휴식 또한 필요함은 앞에 앉은 여러분들은 머리도 좋고 좋은 학교에 다니시어 말씀드리지 않아도 저보다 더 잘 아실 것입니다." 은근히 명문여고 학생들임을 칭찬하는 것을 잊지 않는다.

"이제 우리들은 그 휴식의 일환으로 이성 간에 호기심에 빠져 사리를 분별하지 못하고 헤매는 영혼들을 구제하고 학생 본연의 의무인 공부에 더 매진할 수 있도록 이해하려는 분명한 목적 즉 어떻게 쉬며 어떻게 공부하는 것이 더 효율적인가를 서로 교제를 통하여 알려주고 귀담아 듣고 함께 얻으려 합니다."

"한눈팔지 말고 아니 옆으로 눈을 돌리지 말고 서로 믿고 충고하며 우리들의 목적인 얼마 남지 않은 대학 입학하는 그날까지 아니 그 후까지 건전한 사귐을 가질 것을 제안합니다." 나지막하지만 또렷한 음성으로 힘차게 소신 있게 다음 말을 이어가는 것이다. 또

"니체는 신은 죽었다 라고 말합니다."

"그 돌아가셨다고 철학자가 말씀하신 그 신을 이 테이블 위에 올려놓고 왜? 죽었다고 하셨는지 죽음의 실체를 밝혀 보는 것 또한 의미 있는 일 아니겠습니까?"

"그 책을 읽으면서 인생을 깊이 고민하기도 하고 때로는 사람은 어디서 와서 어디로 가는 걸까?"

"한 번쯤은 여러분도 의문을 가지고 생각에 빠져들기도 했을 우리들 나이입니다." 조금은 장황하다.

"아닌 이야기로 인간 본질을 두고 상념에 빠져들기도 하는 고민이 많은 우리들 청춘입니다."

"남자인 우리들은 무엇일까?"

"그 상대인 또 여자는 누구이며 어떤 관계일까?"

"어머님도 계시고 누님도 있고 여동생도 있습니다만"

"우리들은 잘 모릅니다."

"이성에 대해서는 아는 것 같은데 너무 모르는 것이 많습니다."

"그래서 고민하기도 합니다."

"우리들의 이러한 만남이 서로를 알고 이해하고 먼 미래를 위한 건전한 만남이었다. 우리들 모두에게 유익하였다. 결론을 얻도록 다함께 노력합시다." 하며 긴 말을 끝맺는다.

"너무 장황 했습니다." 알기는 아는 모양이다.

"용서하십시오." 하면서 꾸벅 고개를 숙이면서

"우리들이 먼저 인사를 드렸습니다." 말을 마치고 자리에 앉는다.

그러고는 자기 옆에 앉은 두 번째 친구에게 인사를 하라고 쿡 허벅지를 찌른다. 옆의 친구는 일어서서 숫기가 없는지 아니면 그렇게 말하기로 했었는지 입속에 말을 넣어 놓고 돌리듯 들릴 듯 말 듯

"음, 저는 이기태입니다." 하면서

"잘 부탁드립니다." 하고는 꾸벅 고개를 숙이고는 자리에 앉는다. 앞의 학생에 비해 너무 짧다. 다음 친구도 또 다음 친구도 일어나서 이름을 말하고는 꾸벅 머리를 숙이고 앉는다. 세 사람은 앞의 친구가 너무 길게 말했다 느꼈는지 아주 간단하게 인사를 한다. 아니면 어쩌면 서로 빵집에 들어오기 전에 각본을 쓴 것은 아닐까? 마지막 친구는 일어서더니 흠뻑 입가에 미소를 머금고 서서는 에에 으흠 하며 잔기침을 두어 번 하더니

"처음 뵙겠습니다." 얼굴을 숙이고 듣던 설이는 어디서 많이 듣던 귀에 익은 음성임을 느끼면서 가만히 고개를 들고 보니 성웅이 웃는 얼굴을 하고서는 입에 중지를 대고 꾹 누르며 아는 체하지 말라는 사

인인 것 같다. 그러고는 다음 말을 이어갔다. 설이는 깜짝 놀랐다.

이런 자리에서 성웅을 만나다니 상상할 수도 없는 일이 일어났다. 그러나 무얼 어쩔 것인가? 생각을 정리하니 성웅의 음성이 들린다.

"저는 시골에서 태어나고 자랐습니다."

"이렇게 낯선 남녀 특히 설익은 여자와 남자가 여럿 같은 테이블에 마주 앉아 있는 것을 본 적이 없습니다."

"더더욱 함께 자리를 한 것 정말이지 처음입니다."

"친구가 오늘 좋은 곳에 간다 해서 친구 따라 강남도 간다는데 까짓 것 강남은 못 가더라도 시내 빵집쯤이야 생각하며 따라왔습니다."

"와서 보니 여러분을 만나게 되었습니다."

"조금 전까지 당황했습니다만"

"지금 아주 잘했다 생각합니다."

"왜냐하면"

"다섯 분 모두가 미녀이기 때문입니다."

"자주 만나기를 바랍니다." 모자를 벗고 머리를 깊숙이 숙이는 것이다.

설이는 당황하면서도 성웅이 언제 저렇게 대담하게 말을 잘할 줄은 꿈에도 생각하지 못했다. 조금도 당황하지 않고 주위를 압도하듯 무게 있게 말을 하는지 아주 대단하다 느끼며 또 다른 성웅의 진면목을 보는 것이었다. 남학생이 인사를 마치자 여학생 대표가 말을 이어간다.

"우리들 인사 차례입니다만 앉은 자리에서 인사하겠습니다." 까닥 고개를 숙이며

"여러분이 좋은 얘기 많이 하셨으므로 저는 생략하겠습니다."

"K여고 3학년 정영주입니다."

"만나서 반갑습니다."

"잘 부탁드립니다." 그리고 다시 고개를 숙이며 인사를 마친다. 그

리고 다음다음 또 다음 똑같이 인사를 했다.

설이 차례가 왔다. 설이는 떨리는 음성으로 기어들어가는 목소리로 힐끔 성웅을 본다.

"K여고 3학년 성은 온전 전자 이름은 눈 설자를 쓰는 전설(全雪) 입니다."

"반갑습니다." 하고 고개를 숙인다. 인사를 마치자마자 남학생 하나가 일어나더니

"그 이름 한 번 멋집니다." 하면서

"전설이라, 어디 텔레비전 연속극이나 주말 전설(傳說)의 고향 프로그램 이름과 같다"며 쩝쩝 입맛을 다시며 한 번 더

"전설이라 그 아주 멋집니다." 한다. 그러고선

"악수 한번 합시다." 하면서 손을 쑥 내밀고 설이 손을 감출 사이도 없이 오른손을 덥석 잡고 흔드는 것이다. 그러니 남학생들은 다들 웃으면서 한 남학생이 그림 한 번 좋다 하니까 다들 손뼉을 치는 것이다. 설이는 당황해서 어쩔 줄 몰라 하면서 잡힌 손을 빼지도 못하고 고개를 숙이고 아이참 만을 연발한다. 그러다 그 학생은 잡은 손을 조용히 놓아주면서

"잘 부탁합니다." 하고 고개를 숙이고 인사를 하는 것이다. 다른 여학생들의 표정은 의아해하면서 썩 좋은 얼굴들은 아니었다. 아닌 밤중에 홍두깨라 이 일로 설이는 하루아침에 여러 친구들 앞에 히로인(heroine)이 된 것이다.

전설(全雪), 당시에는 그리 흔치 않은 이름이다. 여자 이름은 다들 자야 아니면 희야 아니면 숙이며 옥이다. 그 이전에는 갓난이 순득이 점순이 에서 일제 강점기를 거치면서 노리꼬, 도모꼬, 하꾸꼬 등 일본인을 닮아서 그러한지 자야는 여자 애들 이름으로 한결같았다. 그러

한 시대상이었는데 아닌 이야기로 난데없이 눈 설(雪)자란 생소한 이름이 튀어나왔으니 설이의 아버지가 미래를 보는 혜안을 가지신 걸까 아니면 작명을 하다 보니 우연의 일치인가? 이름도 특이한데 얼굴 또한 그 이름에 걸맞게 다섯 가운데 당연 돋보인다.

적이 한 시간 가량 재잘재잘 왁자지껄 시답잖은 이야기도 또 무게 있는 이야기도 하면서 시간을 보내었다. 다음 달에는 안지랑 골에서 만나 안일사로 등산 겸 나들이하기로 약속을 하고 헤어졌다. 초겨울 대학입시도 며칠 남지 않은 날들이지만 머리도 식힐 겸 그동안의 입시 방향이나 정보들을 주고받을 겸 만나기로 약속하고 헤어졌다. 서로가 헤어질 때 만날 때까지 다들 열심히 공부하는 것은 물론이거니와 설이의 손을 잡고 흔들던 남학생은 한 번 더 자기 이름이 김상준입니다 하고서는 악수를 청하면서 윙크까지 하는 것이다. 한마디로 말해서 여학생 다섯 가운데 김상준 이라는 그 남학생은 설이에게 한 눈에 뽕 갔다.

설이의 모습은 흰 피부에 갸름하면서도 청초한 얼굴형으로 눈썹이 짙고 머리카락은 곧으며 교복 안의 앞가슴이 부풀어 올라 터질 것 같은 볼륨은 양손을 오므려서 가지고 가 덮어 보면 내 손안에 꼭 끼어 쌀낙쌀낙 뻘 섯 같은 상한 유옥을 느낄 정도이다. 그리고 쫙 빠진 다리는 시세 말로 팔등신 여학생이라 해도 과찬은 아니다. 김상준 학생의 평지돌출의 발언이지만 있을 법한 일이다.

빵집을 나와서 설이는 시계를 보았다. 혹 기차 시간에 쫓기면 어쩌나 하는 마음에서. 기차 시간은 아직도 얼마간 여유가 있었다. 다른 곳으로 갈 정도는 아니므로 친구들과 내일 학교에서 만나자 인사를 하고 멀지 않은 역을 향하여 혼자 천천히 걸었다. 아직 차 탈 시간은 넉넉하다. 한참을 걸어왔다. 뒤에서 뛰어오는 발자국 소리가 들리더니 옆으로 다가와 오른편 소매를 잡는다. 고개를 돌려보니 헐레벌떡 가쁜 숨을 몰아쉬며 치아가 고운 성웅이 흰 이를 드러내며 웃으며 본다. 숨을 몰아쉬며 잠깐 뜸을 들이더니 성웅이 입을 연다.

"야! 서라(설아) 빵집에서 너와 헤어지고 나서 친구들과 같이 걷다 어디 잠깐 들릴 곳이 있다 말을 하고 너를 보려고 뛰어왔다."

설이는 아무 말도 하지 않고 성웅을 본다.

"아마 너(네)가 역으로 갔을 것 같아 이렇게 뛰어왔더니 내 짐작이 맞았다." 그제야 설이가 입을 연다.

"나는 기차 타러 가는데 너 어디 고향에라도 갈라 카나."

"아이다 나는 니(너) 볼라고(보려고) 이래 안 뛰어왔나."

"기특 하제"

"그렇다 카마 여기 뽀뽀해주라."

능청스럽게 왼쪽 엄지손가락으로 자기 뺨을 툭툭 두세 번 때리며 왼쪽 뺨을 내민다. 설이는 성웅을 보지도 않고 오른쪽 팔을 저으며

"아이코 이 종내기(사내아이) 징그럽다. 마 치워뿌라(치워버려라)."

"그라고(그리고) 니(네) 대구 있디(있더니) 디기(많이) 능글맞아졌다."

"니(너)가 와 그래덴노(그렇게 되었나)?"

"니(너) 어디 아푸나(아프나)? 설이는 못 마땅한 얼굴이다.

인도와 차도 구분이 확실한 오가는 사람이 많은 곳이다. 더구나 백화점이 가까운 곳이니 지나다니는 사람이 많다. 어떤 행인은 걸어가면서 둘을 보면서 학생인 자들이 뭘 하느냐? 이상한 눈으로 힐금 쳐다본다. 아주 못마땅한 얼굴을 하고는 지나간다. 설이는 걸어가면서 또 시계를 본다. 아직 차를 타려면 1시간 정도 여유가 있다. 지금 여기서 역까지 소요시간은 10분이면 충분한 거리이다.

성웅은 음음 입 다시는 소리를 하며 목소리를 가다듬으며 시계를 보

는 설이를 보면서 정색을 한다.

"서라(설아) 어디 조용한 곳에 가서 이야기 좀 하자."

"그라고 이렇게 만난 것이 얼마 만이고. 아마 너하고 이야기하라고 신이 만들어준 기회인 것 같다."

그러나 설이는 앞으로 걸어가면서 성웅이 말을 하는데도 아무 대꾸도 없다. 성웅은 앞을 보면서 걸어가는 설이의 모습에서 한 성숙한 여인을 본다. 교복을 벗고 원피스나 투피스를 입고 하이힐을 신으면 어느 누구도 학생으로 보는 사람은 아마 없을 것이다. 옆에서 걸어가면서 설이의 가슴을 본다. 더욱 검은 교복 안에 감추어진 볼록한 젖은 양 가슴 가운데 우뚝하다. 옷이 속 안이 좁은 듯 탱탱한 것이 나 여기 있소 하면서 비집고 뛰어나올 것 같은 착각마저 든다. 저 가슴에 자신의 손을 가만히 가져가 올려놓는다. 내 손바닥 안이 꽉 찰 것 같다. 아니 내 손바닥 크기가 아무래도 부족할 것 같다. 온몸에 전율을 느끼며 짜릿해지면서 황홀경에 빠진다. 혼자 자기도 모르게 상상만으로 씩 웃는다.

설이가 언제 저렇게 컸나? 이젠 완전한 한 성숙한 여인이다. 퍼떡 스쳐 지나가는 생각은 자기는 도저히 설이의 상대가 되지 않는다는 것이다. 같이 서 있으면 명색이 남자인 자기와 설이는 높이가 같다. 고등학교를 졸업하고 사회인이 되어 하이힐을 신고 나타나면 자기보다 반 뼘은 더 클 것이다. 자기도 모르게 위축되는 자신을 발견한다. 먼 후일 세월 흘러 어느 날 함께 걸어가면 지나다니는 사람들이 보고 흔하지 않은 풍경에 어쩌면 수군거릴 것이다.

곤충 중에는 암놈이 수놈보다 큰 것을 비교하면서 자신의 작은 키에 대한 열등감이 가슴속에 웅크린다. 어쩌거나 동물들은 수놈이 암놈보다 크다. 그 큰 이유는 아무래도 암놈이 낳으면 키우는 몫은 아마 수놈의 차지일 것 때문은 아닐까? 그런데 메뚜기나 나비를 보면 아니 곤충을 보면 암놈 위에 앉은 수놈이 그냥 얹혀있는 것 같은 생각이 들 때도 있다. 꼭 어미가 자기 새끼를 등에 업고 가는 형국이다. 이는 내가 잘못 본 착각에서일까? 아니면 또 다른 이유가 있는 걸까? 이것저것 생각하다 보니 짜릿한 생각은 한순간에 없어지고 그러다 깜짝 놀란다. 내가 대체 무슨 생각을 하는 것이야 머리를 절래 흔든다. 이러면 안 되는데 정신을 가다듬는다. 오른손으로 가만히 뺨을 살짝 때리고는 정신을 차린다. 그러고 나서 왼손으로 살짝 설이의 왼팔의 소매를 잡는다. 그때 마침 길가 골목에 수형당 빵집이 보인다. 성웅은 작은 목소리로

"설아! 저기 봐라." 설이가 앞을 본다.

"저기 수형당 빵집에 들어가 다리도 쉴 겸 이야기 좀 하자." 잡은 소매를 당기면서 빵집 앞으로 발길을 옮긴다. 설이는 뒤를 따라 발길을 옮긴다. 무언의 동의를 한다.

아직 저녁때가 되지 않아서인지 손님이 없다. 한 테이블에 젊은 남녀 한 쌍이 앉아 무엇인가 얘기를 한다. 남자는 모자를 썼고 여자는 파마머리에 조금은 긴 귀걸이가 한층 여자를 돋보이게 한다. 역시 치장을 한다는 것은 아름다운 일이며 아름다움을 보여줌으로써 남을 즐겁게 하니까 좋은 일임에 틀림이 없다.

여자가 화장을 한다는 것은 자신의 얼굴을 아름답게 하는 것이 되겠지만 결과적으로 보는 사람들에게 즐거움을 주는 것일 수도 있다는 생각은 벽에 걸려있는 하나의 좋은 훌륭한 아름다운 그림을 보는 것과 다름이 없다는 생각을 가져본다. 둘은 창가 의자에 마주 앉는다. 아주머니가 컵과 물이 든 병을 들고 물을 따르면서 무얼 주문하겠느냐? 며 묻는다. 빵집에서 먹은 것이 있어 배는 고프지 않지만 자리 값

으로 라도 무엇이라도 먹어야 한다.

“아주머니 팥빵 두 개하고 도넛 두 개 우유 두 잔을 주세요.” 성웅이 물을 조금 마시다 말고 설이를 빤히 쳐다보면서 묻는다.

“니(네) 우애 된 기고(것인가)?” 짐짓 모르는 척하면서 설이가 반문한다.

“뭐 말이고?” 성웅은 조금은 성이 난 얼굴을 하고

“니(네) 몰라서 묻나?”

“그 자리에 우째(어떻게) 나 왔노(참석했나)? 말이다” 설이의 말을 받아

“와 나는 그 자리에 나가면 안 되나?”

“그런 말이 아니라는 것 니(네)가 더 잘 안아나?” 말씨름이다. 둘은 앉은 자리에서 시답잖은 이야기만 하다 설이는 차 시간이 되었다며 일어나 별다른 이야기도 하지 못하고 다음에 보자며 헤어졌다.

6. 회상

성웅은 언젠가 집에 다니러 왔다. 보통 토요일에 와서 속옷 빨래며 고모 에 드려야 할 나물이며 능금이며 여러 가지 가져갈 것도 있고 하여 일요일에 열차를 탄다. 그래야만 월요일에 등교를 할 수 있기 때문인데 그날은 월요일 아침 통근 열차로 대구에 가는 길이다. 별로 가져갈 것도 없고 하여 가방만 가지고 바로 학교에 가면 된다고 부모님께 말씀드렸지만 이는 핑계이고 이번 고향 방문에는 억지로라도 우연을 가장해서 설이를 만나고 싶어서 혼자 연극을 했다. 조금 일찍 집을 나와 설이 집 앞에서 설이가 나오기를 한참을 기다렸다. 그날따라 차 시

간이 임박해서야 설이가 책가방을 들고 나온다.

탱자나무 뒤에 숨어 있다가 설이가 나오는 것을 보고 방금 온 것 같이 헐레벌떡 뛰어오면서 설아 오랜만이다 하면서 뛰어가는 설이의 책가방을 낚아채서 어깨에 척 하니 걸쳐 얹고는

"야! 차 시간 늦겠다."면서 먼저 앞서 달려간다. 앞서 저만치 가다 후 한숨을 토하고는 뛰어오는 설이를 기다리며 천천히 걷는다. 몇 발자국 뛰어 옆에 와 걷는 설이가 보조를 맞춘다. 달리듯 걷는 두 사람은 숨을 몰아쉬면서 이야기를 나눈다. 설이가 먼저 입을 연다.

"니(네) 언제 왔다 가는데?" 성웅이 대답한다.

"토요일 안 왔나." 다시 설이가 묻는다.

"니(네) 공부 디기(열심히) 한다 카던데(말하던데) 공부는 안 하고 우애 왔노(어떻게 왔느냐)?"

성웅은 한숨을 쉬며 생각한다. 한다고 해도 성적은 오르지 않고 집에서는 기대가 엄청 크고 요즘 같아서는 미칠 것 같다. 이젠 얼마 남지 않은 입학시험 어느 대학을 갈 것인가? 성적에 맞춰 진학상담도 해야 하는데 지금 성적으로 서울 일류 대학을 간다 하기엔 턱없이 모자라는 점수다. 담임선생님은 머리를 쥐어박으며 이래가지고는 서울 아니라 똥통 대학도 못가겠다 하실 것이 분명하다. 그러니 설이의 니(너) 디기(많이) 공부 열심히 한다던데 하는 말에 대답할 말을 잃었다. 성웅은 어물쩍 말을 돌린다.

"야, 공부 얘기는 그만하고 우리 오랜만에 만났는데 데이트나 머 그런 얘기 좀 하자 머리도 식힐 겸."

"그라마(그러면) 니(너)부터 먼저 얘기해 봐라. 언젠가 니(너)는 사귀는 여학생이 있다고 안켔나(안했나)."

성웅은 솔직히 다른 여학생을 만나려고 생각한 적이 한 번도 없었

다. 언제부터인가 설이가 자기를 쌀쌀맞게 대하고 어떤 때는 거들떠 보지도 않는 것 같아 많이 섭섭하였다. 그래서 만나면 일부로 여학생 이야기도 하고 여학생을 여럿 만나는 듯 내가 이렇게 인기가 있으니 너도 나에게 관심을 가지라는 뜻으로 거드름을 피우기도 했다. 그러면 설이는 언제나 나는 남학생에 대해 관심이 없다며 고고한 척 더 높은 더 큰 뜻을 가진 양 도도해지는 것이다.

그러한 설이가 지난번 미팅에 나와 만났으니 당연히 놀랄 일 아닌가? 하는 물음인데 설이의 대답이

"와 나는 그 자리에 나가면 안 되나" 하며 반문하니 성웅은 할 말이 없어진다. 열차를 타러 가는 길지 않은 시간동안도 이야기다운 이야기는 하지 못하고 입씨름을 하다 보니 역에 도착했다. 보는 눈도 있고 서로 아는 친구들도 만나 자연스럽게 헤어져 각자 학교로 향한다.

7. 지난 이야기

지난해 여름 방학(고 2학년)(61년 7월 동기) 때 일이다. 첫 국민학교 동기생 모임이 있었다. 여럿 친구들이 왔었다. 객지에 사는 친구들도 서울에서 부산에서 먼 길 마다 않고 찾아왔다. 그중에서 대구에 사는 친구들이 제일 많이 참석했다. 물론 고향에 농사지으면서 사는 친구들이 제일 많지만 고향 친구들은 제외하고 190여 명 졸업생 중에 예순 대여섯 명이 참석했다. 물론 성웅이도 설이도 참석했다. 교실 한 칸을 빌려 동기회를 창설하고 회장 부회장을 뽑았고 회장이 남녀 각1 명의 총무를 지명하도록 하여 남녀 총무 둘을 지명하였다.

회장은 대구에서 일류라는 S고등학교 다니는 윤군을 뽑았다. 초등

학교 때도 공부를 곧잘 했으며 운동도 잘했다. 특히 평행봉과 철봉은 특히 잘했다. 훤칠한 키에 미남자로 나무랄 데 없는 친구이다. 부회장은 그래도 고향을 지키는 친구 중에 뽑아야 한다고 공부는 잘했지만 가정 형편이 어려워 고향에서 농사를 짓는 얌전하고 키가 나지막한 친구를 뽑았다. 뽑고 보니 장다리와 단 다리다. 당선 인사를 하는데 둘을 보고 모두 저렇게 잘 맞는 팀워크 또한 본 적 없다면서 모두 박장대소(拍掌大笑)를 하였다.

그날 회장이 남자 총무와 여자 총무를 지명했다. 여자 총무로 설이를 지명했다. 물론 여러 번 거절하였으나 동기생 모두가 완강히 받아들이기를 강요하여 총무를 맡았다. 단상 앞으로 나가서 인사도 흔히 교과서적으로 했다.

“회장의 뜻을 쫒아 열심히 하겠습니다.” 고개를 숙이고 자리에 돌아왔다. 물론 동기회 규약도 만들고 일사천리로 회를 마쳤다.

첫 동기회이니만큼 모두들 지난날들을 얘기하기도 하고 앞으로 살아갈 날들에 대해서 얘기하기도 하면서 서로 왔다 갔다 자리를 옮겨가면서 서로 간에 면면이 인사를 한다. 술도 조금은 맛들이며 유쾌하게 하루해를 보내고 오후 해가 질 쯤 내년을 기약하며 헤어졌다. 몇몇 마음 맞는 친구들이 뒤풀이를 했다.

뒤풀이 중에서 있었던 일이다. 당연 뒤풀이의 주인공은 회장도 아니고 부회장도 아닌 회장과 같은 S고등학교에 다니는 오석수 군이었다. 고등학생인 우리들은 정치에는 그렇게 관심이 많지 않았으나 자유당 정권의 장기 집권이 전 국민으로 하여금 정권 교체의 열망이 일어났을 때이었으므로 자연히 우리들도 선거에 관심을 가지게 되었다. 대통령 선거를 얼마 두지 않은 시점에 자유당은 이승만과 이기붕을 민주당은 조병옥과 장면을 선출하여 선거를 하도록 했다.

국민은 각자 어느 당을 지지하든 선거의 열기는 하늘을 찌를 듯 높았다. 그러던 중 대통령 선거를 한 달 앞둔 때였다. 병을 치료하기 위하여 미국에 가신 유석 조병옥 박사께서 김포공항에서 완쾌하여 돌아오겠다는 출국 인사 말씀이 국민들의 귀에서 떠나기도 전에 미국 월터리더 육군 병원에서 심장마비로 급사하셨다는 뉴스가 전해졌다. 민주화를 갈망하던 모든 국민들의 마음을 헤아려서인지 몰라도 당시 S 부속고등학교 1학년에 재학생인 친구 오석수 군이 자기 친구 2명과 같이 당시 유행가인 유정 천리를 개사하여 지어 부른 노래가 장안의 화제가 되었다. 개사한 노랫말은 이러하다.

가련다. 떠나련다. 해공선생 뒤를 따라
장면박사 홀로 두고 조 박사는 떠나갔다.
가도 가도 끝이 없는 민주화 길은 몇 굽이냐
자유당에 꽃이 피고 민주당에 눈이 온다.

* 동기회 날 오군도 참석했다. 우리 모두는 이심전심으로 오군을 열렬히 환영했다. 오군이 별도로 당시의 상황은 얘기하지 않았지만 당시 유행가인 유정천리를 개사하여 불러 널리 퍼뜨린 일로 인해 정학처분을 받았다. 1960년 2. 28일 대구 민주화 운동은 그해 마산 3.15 부정 선거 규탄 의거와 4월 19일 혁명의 도화선이 된 첫 민주화 학생운동이었다. 첫 희생자가 우리들의 친구 사대부속 고등학교 오석수 군과 2명의 사대부고 학생이었다.

그 후 오군은 4 · 18일에 민주화를 위한 시가행진 중 깡패로부터 몽둥이세례를 받았고 온 세상을 놀라게 하고 떠들썩하게 했던 4 · 19 의거의 도화선이 된 고려대학교에 입학하였다. 오군은 홀어머니를 모시고 동생과 함께 자랐으며 어머니 역시 여장부이셨다. 홀로 고생하시며 아들 둘을 훌륭히 키우기 위하여 몸을 아끼지 않은 어렵던 시대 우리들 모두의 어머니셨다.

오군의 모친은 당시에는 보기 드문 인텔리 신여성이었다. 면사무소 보건소 등에 근무하셨으며 자식의 교육을 위해서는 자기 한 몸도 불사르는 억척스런 면이 없지 않았다. 오군은 초등학교 때부터 공부를 잘했다. 언제나 반에서는 1등을 놓친 적이 없었다. 외모도 깔끔하고 키도 무척 컸다. 고등학교에 진학하고부터는 더욱 키가 쑥쑥 자랐다. 훤칠한 키와 미남으로 좋은 인상을 가졌던 오군은 당시 우리들의 우상이었다. 단지 하나의 흠이라면 아버지가 계시지 않으며 집이 잘사는 편은 아니라는 것이다. 아버지가 계시지 않은 것이나 집이 잘살지 않은 것은 둘 다 오군으로서는 책임을 져야 할 일은 아닌 만큼 흠이라 말하기는 무리가 따르는 것이다.

8. 취기

돈도 없었지만 학생들이 많았으므로 술집이나 다른 곳은 갈 수 없었다. 중국집에서 일이다. 그래도 탕수육이며 몇 가지 음식을 시켜놓고 맥주와 소주로 또 먹지 않는 친구는 사이다나 콜라로 주거니 받거니 하다 보니 약간 취기가 올랐다. 그때 설이도 성웅이도 함께 한자리하고 있었다. 설이에게 잔을 권하는 성웅의 몸가짐은 많이 흐트러져 있었다. 성웅은 세월 사이사이 설이를 생각하지 않은 것 같았는데 이렇게 만나고 보니 너무 많이 생각하고 있었던 것 같았다. 언제부터인가 서로 만나지 않았지만 말이다. 능금나무 밑에서 깨금발로 볼일을 휘저으면서 보던 그 일이 있고 난 후 설이는 성웅을 피하고 그러다 보니 성웅이도 지가 뭔데 하면서 무슨 일인지도 모르고 토라졌다. 그 후는 생각지도 말자며 만나지 않았다. 설이가 자기를 피한 이유를 알지 못하는 성웅은 그저 자기가 싫어서일 것이다 생각하며 스스로 설이를 피하였다. 세월 사이에 길 가다 우연히 또는 통근 차 안에서 생각지도 않을 때 스쳐 지나가는 얼굴로 만났을 때도 별일 없지 하는 인사 정도의 말 물음뿐 그다음 이어지는 말들은 아예 없었다. 성웅이 다리를 다쳐 깁스했을 때와 집에 다니러 왔을 때 계획적으로 아침에 만났던 일 외는 설이를 만난 기억은 거의 없었다. 그러다 보니 오늘 동기회의 만남은 모처럼 만남이며 여러 친구들 틈에서 어쩌면 마음 놓고 이야기 할 수 있는 기회이기도 하였다. 서먹서먹한 가운데 설이에게 술잔을 권한다. 잔을 받아 입에 대었다가 놓을 것이라 생각하며 받기는 받을 것이라 생각했다. 아니 오늘도 술기운이 없었다면 잔을 권하기는커녕(도리어) 너 언제 봤는데 하면서 인사 정도로 끝냈을 것인지도 모른다.

"설아 오랜만이다. 술 한잔 해라." 손을 내밀고 잔을 준다.

성웅은 설이에게 마음에 있었지만 스스로 그 마음의 문을 닫았다. 좋아한 것은 아마 초등학교 때부터였을 것이다. 아니 엄격하게 말해서 그 이전부터였을 것이다. 그때는 확실한 이성의 눈으로 설이를 좋아하였는지는 모르지만 그 이성이 무엇인지도 모를 때이다 보니 나와는 다른 어떤 구체성 없는 어울려 노는 동무로이였을 것이다. 그 후 초등학교 때 성웅이 과수원에서 오줌을 휘갈기고 나서 설이가 무엇을 느끼며 멀리하여 서로 멀어지고서는(다투거나 한 적도 없다. 둘 다 싫다고 말한 적은 더더욱 없다.) 오늘 처음이다. 다른 어느 누구에게도 잔을 주지 않고 다정한 말로 설이에게 먼저 잔을 주었다.

"나 술 못 먹어." 하면서 권하는 잔을 받으려 하지 않고 성웅의 손을 슬쩍 민다. 본인 생각에는 잔을 받아 조금만 입에 대었다가 탁자 위에 놓아도 되는데 생각하니 자신을 무시하는 행동이라 여겨 한 번 더 잔을 준다. 약간 음성이 높아진다.

“야는 나 못 먹는다니까.” 이 말에 화가 났다. 다시 대꾸한다.

“전에 먹었잖아.” 하면서 다시 술잔을 준다.

설이는 술 먹는 것을 본 적 없으면서 지레짐작으로 그럴 것이다 유추하여 해서는 안 될 말을 한다.

“누구에게 잘 보이려 그러니 빼기는.”

이제는 잔에다 가득 한잔을 부어서는 잔을 들고 다시 설이 입으로 가져간다. 이런 말을 하는 것은 아닌데 불쑥 생각지도 않은 말이 튀어나왔다. 정말 생각도 못한 말이다. 속으로 금방 후회한다. 내가 왜 이러지? 자신이 생각해도 이런 말을 꿈에도 해본 적 없는 말이다. 다시 설이가 언성을 조금 더 높인다.

“얘가 못 먹는다는데.” 하면서 잔을 밀며 거절한다는 것이 떨어져 옆에 앉은 다른 여자동기생 치마에 떨어져 온통 적시고 말았다. 성웅은 설이가 마음에 있어 가장 먼저 술을 권한 것인데 자기 마음도 모르고 매정하게 다른 친구들 보는 앞에서 술잔을 퉁기는 꼴이 되고 보니 기분이 많이 상했다. 또 마음에도 없는 말이 툭 튀어나온다.

“가시나 안 받으면 됐지. 왜 잔은 떨주노(떨어뜨리느냐)?” 하면서 그 음성이 짜증스러운 말투다. 그러자 앉아있던 설이가 슬그머니 일어나서

“나 화장실에 간다.” 하고는 밖으로 나가 그길로 들어오지 않았다.

원래 남자아이들은 마음에 드는 여자아이가 있으면 집적이며 괴롭힌다. 여자아이 입장에서 보면 이게 아닌데 왜? 쟤가 나를 괴롭혀 내가 미운가? 의심의 눈초리를 보낸다. 여자아이는 사실은 좋다는 또 다른 표현을 모르고 토라지는 것이다.

조금은 어수선한 가운데 회장이 장내를 잘 정리하고 2차 뒤풀이도

끝내고 아무 사고 없이 헤어졌다. 서로 등을 두드려주며 학생들은 서로 열심히 공부할 것을 다짐하기도 하고 직업 일선에서 뛰는 친구들에게는 더 나은 내일이 있기를 서로 격려하며 헤어졌다. 많은 친구들은 아무도 설이와 성웅의 티격태격하는 것을 눈치 채지 못했다.

성웅은 술이 약해서 그러한지 얼마 먹은 것도 아닌데 자신의 행동이 자기 딴에는 설이를 생각한다고 한 행동인데 설이에게 누가 된 행위가 되고 말았다. 이게 내 본심은 아닌데 생각이 들었다. 설이가 말 한마디 없이 가버리고 여럿 친구들과는 인사도 제대로 하지 못하고 헤어졌다. 혼자 낮은 다리를 건너 집으로 가면서 도저히 이대로 설이와 헤어져서는 안 된다는 생각이 들었다. 조금 오른 취기가 집으로 가는 길에 술 먹은 마음은 설이네 집에 들렀다 가라 이런다. 만나서 해명을 해야겠다고 작정을 하고 얼기설기 얽긴 설이 집 대문 같지 않은 대문을 밀치고 마당으로 들어갔다.

으흠! 으흠! 서너 번 잔기침을 하며

"아주머니 계세요?" 하고 인기척을 낸다. 안에서는 아무른 대답이 없다. 한 번 더 조금 더 큰 소리로

"아주머니 계십니까?" 하니 작은방에서 방문이 열리며 설이가 얼굴을 내민다. 성웅을 보면서 조금은 의아해한 표정을 지으면서 신을 신고 마당을 내려온다. 어깨를 위로 올리며 양손을 바지 주머니에 찔러 넣으면서 다짜고짜로 한다는 말이

"니(너) 우애 왔노(어떻게 왔느냐)?" 쏘아붙이듯 말을 한다.

성웅은 슬그머니 화가 나는 것이다. 잔뜩 눈에 힘을 주면서 설이를 노려본다.(어두워서 설이는 노려보는지도 모른다.)

"가시나 손님이 왔으면 어디 들어가 앉으라든지 해야 할 것이지."

"우애 왔노가 머꼬(어떻게 왔느냐가 무엇이고)?"

“니(너) 마 확 죽일까 보다.(죽여 버릴까)?

성웅은 조금 먹은 술이지만 평소 먹지 않았던 술기운을 빌려서 이렇게 말을 하는 것이다. 설이는 할 말을 잃은 것인지 아무 말도 하지 않고 과수원 안으로 들어간다. 앞장서 가는 것은 성웅이 따라 들어오라는 무언의 신호인 것이다.

집 뒤 큰 능금나무 아래 언제 적같이 둥근 작은 탁자가 놓여있고 어설픈 의자 두 개가 탁자를 가운데 두고 마주 보고 놓여있다. 설이가 먼저 의자에 앉는다. 그리고 성웅이 보고 앉으라는 듯 바지에 넣었던 손을 빼면서 의자를 가리킨다. 다시 한번 성웅을 보면서 설이가 먼저 입을 연다. 또 한다는 말이 듣기 싫은 쉰 목소리로

“와 왔노(왜 왔느냐)?” 하고 묻는다. 성웅은 듣기 아주 거북한 말이지만 꾹 참으면서

“니(너)하고 얘기 좀 하려고 안 왔나.”

성웅이 말을 마치자마자 성웅의 말이 땅에 떨어지면 흙 묻을까 겁이 나는지 조금도 쉬지 않고

“그래 무슨 얘기 할라꼬(하려고)?” 쉬지 않고 다시

“어디 한 번 해봐라.” 한다.

성웅은 조금은 진정된 마음이 된다. 지금부터는 잘 이야기해야 되겠다는 마음으로 스스로 자세를 가다듬으며 말을 시작한다.

“조금 전에는 미안했다.”

“아니 내가 잘못했다.”

“나는 나대로 니(너)를 잘 안다고 생각하고 또 다른 어떤 누구보다도 먼저 잔을 주고 싶었다.”

“어른 흉내를 내는 것도 안다.”

“고등학생이 무슨 술을 먹느냐? 나무라면 할 말 없다만은

(우리들이야 고등학생이지만 그때만 해도 해방된 지도 얼마 지나지 않은 시점이고 더욱 6 · 25 한국동란 이후 다들 어려운 시절이었다. 정상적인 연령에 학교 들어가는 아이들도 물론 있었지만 그렇지 못하고 한두 살 많은 심지어는 다섯 여섯 살이 많은 늦깎이 초등학생도 많이 있었다. 심지어는 초등학교 졸업하자마자 장가드는 코를 질질 흘리는 새신랑이 된 동기생도 없지 않았다.)

"나는 니(너)가 잔을 받으면 아주 조금 따라주고 다른 친구에게 잔을 돌리려 생각했다."

"그런 내 마음도 모르고 니(너)가 잔을 밀쳐 나도 모르게 화가 났다."

"그래도 어떻든 내가 잘못했다. 미안하다." 한 번 더 사과한다.

"이 말 하고 싶어서 왔다."

그때까지도 설이는 듣기만 하고 아무 말도 하지 않았다. 가만히 생각해 본다. 내가 뭐라고 지는 한껏 나를 생각한다고 한 행동인데 매몰차게 한 것 같기도 하다. 또 아무 말도 하지 않고 화장실 간다며 나와 버렸으니 당황하기도 하고 다른 친구들에게 미안하기도 했을 것이다 생각하니 슬그머니 성웅이 불쌍해 보이기도 하고 미안한 마음이 생긴다. 이를 어쩌지 이제 와서 지가 사과하는데 아니라며 내가 또 사과하기는 쑥스럽고 이럴 때 생각지도 않은 말이 불쑥 튀어나온다.

"그런데 와 내한테 먼저 술잔을 줄라 캤노?"

"니(너)는 나를 잘 안다고 생각해서 줄라 캤다 캤지만(주려고 했다 했지만) 그것 뿌이가(밖에 없느냐)?

"솔직히 한번 말해봐라" 성웅에게 다그친다.

성웅은 어두운 밤이지만 설이가 자기를 빠금히(또렷하게) 마음을 읽고 들여다보는 것 같았다. 생각지도 않은 설이의 정곡을 찌르는 질문에 당황하면서 저 가시나가 내가 지 좋다고 이제는 고백하라는 말 아이가 여기까지 생각이 미친다.

중학교 때는 잘 몰랐지만 고등학교 진학하고부터는 여학생에 대해 관심도 많아졌고 또 고모집에서 하숙하면서 이웃에 아침저녁으로 등하교 길에 여럿 여학생을 본다. 어떤 때는 지나치다 만나는 옆집 여학생이 먼저 말을 걸어오기도 하였다. 그럴 때는 의례히 몇 마디 이야기를 함께 나누면서 버스정류장으로 걸어가다 보면 이상하게도 여학생 얼굴 뒤에 설이가 웃는 모습이 보인다. 자신도 모르는 사이에 머리를 절레절레 흔든다. 같이 걷던 여학생이 아무 이유도 없이 머리 흔드는 자기를 보고

"어디 머리 아프세요?" 물을 때도 있었다. 그러면 팔을 흔들며 당황해서

"아 아니 아닙니다."

"무얼 조금 생각한다고." 어물쩍 둘러댈 때도 있었다.

그러고 보니 자기 생활 속에 설이가 자주 자기 마음 가운데 자리한 것은 어제오늘이 아니라는 생각이 든다. 오늘만 해도 그렇다. 자기가 설이를 깊이 생각하는 마음이 없었다면 술잔을 먼저 권할 일도 없고 또 술잔을 안 받았다 해도 그렇게 성낼 일도 아닌데 잔을 받기를 강요해서 결국 밀치게 하여 떨어뜨려 다른 여학생의 치마를 젖게 한 것이다.

내가 설이를 좋아한 것이다. 가만히 생각해 보니 여학생을 보면 언제나 설이와 비교를 하고는 설이가 더 예쁘고 키도 크고 볼륨도 있고 긴 머리며 훤칠하다, 공부도 잘하고 설이 같은 여학생은 없다 생각했다. 하숙방에는 예쁜 여배우 사진이 있는 달력이 벽에 걸려 있다. 성웅은 어느 날 그 예쁜 여자의 얼굴이 설이 같다는 마음을 떨쳐 버릴 수가 없었다. 달력에 이렇게 적어 놓았다.

'그대 몸은 고향 하늘 아래 있지만 그대 마음은 지금 내 방 벽 한가

운데 떡하니 자리하고 웃으면서 언제나 나를 보고 있습니다. 나 그대를 보듯 이 사진을 봅니다.'

조그마한 글씨로 남이 알아보지 못하게 이 모서리 저 모서리 띄엄띄엄 적어놓아 본인이 아니면 알 수 없는 암호인 양 자기 자신에게 다짐하듯 적어 놓았다.

이 말을 지금 이 자리에서 하니 어쩌나 성웅은 고개를 숙이고 고민한다. 묵직한 한여름 뜨거운 밤바람이 말을 하라 이르는 듯 소매 끝을 흔들어 놓고 지나간다. 하늘 가운데 희끄무레 달은 과수원 여기저기를 비췬다. 땅바닥에 그림자가 된 나뭇가지들이 널려있고 한 뭉치 구름이 지나갈 때마다 그림자를 삼키듯 토해내듯 땅에 있던 나무가 있다가 없어진다. 가끔 이름 모르는 벌레의 울음인지 웃음인지는 모르지만 소리가 간헐적으로 귀를 건드린다.

지금이 기회인 것 같기도 하고 아닌 것 같기도 하다. 아니 자신에게 한 번 더 물어본다. 정확히 자신이 설이를 좋아하는지 확신이 선 다음에 말하는 것이 순서라 생각된다. 말을 할까? 아니 말까? 머뭇거린다. 목구멍까지 입 밖으로 나오는 말을 억누르며 꿀꺽 긴 한숨과 함께 집어 삼킨다.

"다른 뭐가 있겠나. 옛날부터 니(너)하고 소꼽놀이도 하고 정도 들고 했어 그랬다."

"그라고 오늘저녁 때 일로 괜히 네가 오해를 할까 싶어 이렇게 안 왔나."

"내가 잘못했다. 미안하다. 이렇게 사과한다."

"잊어 뿌라(버려라)."

이렇게 말을 마치고는 성웅은 설이가 대답할 틈을 주지 않고

"그라마 간대이(그러면 내 간다)." 하고 등을 돌려 얼기설기 엮여있

는 문을 열고 밖으로 나온다. 무더위에 알게 모르게 이마에 흐르던 땀방울을 식히려는지 한 줄금 바람이 스치며 지나간다. 잠깐 동안 잠을 깨우듯 피부에 닿는 조금은 서늘한 기운은 묵은 체증을 내려놓은 듯하다. 설이는 뜬금없다. 성웅이 무엇인가 하고 싶은 이야기가 있는 것 같기도 한데 그냥 일어나서 가는 것을 보니 없는 것 같기도 하다. 자기 마음 한구석에는 자(성웅이)가 무언가 얘기를 하라며 기다린 것은 아닐까? 자기 마음을 자기도 알지 못한다. 소꿉친구로 지나온 세월에 대한 아쉬움은 같은 것일까?

9. 대학진학

고등학교 마지막 겨울 방학을 며칠 앞둔 어느 날 설이에게는 말 못할 일이 일어났다. 이번 방학 때에 그간 못한 공부를 열심히 하여 보충하려고 또 대학 진학을 위해서는 이 마지막 겨울 방학은 무엇보다 중요하다. 방학 동안 대구에서 도서관에 다니려고 11월까지 끝나는 패스포트(passport)를 12월에서 내년 2월까지 3개월 재신청하려고 어머니께 말씀드렸다.

"어머니 패스포트 끊으려는데 돈 좀 주세요." 설이의 얘기를 들으시고는 어머니는 짧게

"알았다." 하시고는 언제나 같이 오빠에게 말을 하고 받아 주시겠지 생각했는데, 다음날이 되어도 하루가 더 지나 그 다음 날에도 아무 말씀 없으셨다. 화도 나고 해서 어머니에게 대들듯

"엄마 내 패스포트 값 안 주세요?" 무척 높은 목소리로 말씀드렸다. 어머니께서는 한숨을 쉬시며 이젠 난 모른다 하시면서

"니(너) 오빠에게 말해 타거라" 하신다.

언제나 설이는 필요한 돈을 달라고 말할 때는 어머니에게 말씀드리면 어떻게든 어머니 돈을 주시든지 아니면 대신 오빠에게 말을 하고 받아 설이에게 주곤 했었다. 지금까지는 오빠에게 말씀드린 일은 전혀 없었다. 그런데 통학생이 패스보트를 신청하는 것은 당연한 일인데 전에 없이 오빠에게 말하라는 것이다.

"엄마! 무엇 때문에 그래요." 어머니께 다시 물어봐도 어머니는

"나는 이젠 모른다." 하시면서 다시 길게 한숨을 쉬시며

"니(너) 오빠에게 말해서 타거라." 같은 말씀을 계속 하신다. 무슨 말씀을 하실 만한데 어머니는 전혀 입을 여시지 않으신다. 엄마에게 돈을 주십시오 하는 것과 오빠에게 돈을 주십시오는 같은 말인데 하는 것은 천양지차가 있음을 지금 확실히 느꼈다.

엄마에게는 필요할 때 언제라도 밤이든 낮이든 오늘 말씀드리고 나서 잊어버렸다며 내일 또 말씀드려도 별로 죄송한 마음도 없었고 엄마는 언제나 달라면 주시는 분으로 믿고 또 알고 있었는데 처음 오빠에게 돈을 달라 말하는 것이 이렇게 어려운 줄 예전에 미처 몰랐다. 아침저녁 눈을 마주쳐도 오빠는 아무 말씀도 하시지 않으신다.

아무 말씀 드리지 않아도 오빠가 설이야 패스포트값 여기 있다 하시면서 주실 것 같은 생각에 또 하루 더 기다렸다. 신청 시간은 다가오고 하는 수 없이

"오빠 나 패스포트 값 좀 주세요." 기어들어가는 목소리로 말씀드렸다.

그러니 기다렸다는 듯이

"앞으로 방학인데 무슨 패스포트 값이 필요하냐?" 하시면서 정색을 하시는 것이다.

"오빠 나 방학 동안에 학교 도서관에 가서 공부도 하고 참고서도 좀

보고 하려고요" 다시 말씀드렸다.

오빠는 의아한 얼굴을 하시면서 곧 방학이라 다들 노는데 무엇 하려 아무도 없는 학교에 간다는 것이냐 하시면서 공판장에 갈 일이 있어 바쁘다면서 횡하니 문을 열고 밖으로 나가신다.

설이는 된통 망치로 머리를 얻어맞은 것 같이 띵하다. 어제의 오빠가 아니란 생각이 든다. 어릴 때는 졸졸 오빠 뒤를 쫓아 면사무소까지 따라다녔다. 언제나 귀여워 해주셨고 설이 이야기라면 자기가 먹던 것까지 꺼내 주셨던 오빠이셨다.

설이는 오빠와 나이 차이가 띠 동값에다 둘을 보태야 하니 오빠라기보다는 아빠라는 표현이 옳을 것이다. 당시에는 14살 차의 부자지간도 없지 않았으니 말이다. 심지어 어느 친구의 큰오빠와 아빠의 나이 차가 띠동갑인 경우도 있었다. 어떤 여자동기생은 자기 아버지와 큰오빠의 나이 차이가 12살밖에 나지 않았다. 그러니 아빠나 오빠가 비슷하게 보였었다. 보통 아빠 친구들이 방문하시어 오빠를 보고 너 백씨 어딜 가셨나 물으시면 아버지라고 말씀을 드리지 못하고 울상을 하고서는 긍정 아닌 긍정으로 어디 가셨습니다 하고 대답하는 것이다.

조혼(助婚)이 유행이었던 시절 웃을 수만 없는 한갓 해프닝이었다. 12살 어린이가 한 네댓 살 정도 많은 처녀에게 장가를 들었다면 16살 처녀와 관계를 가져 10달이 지나면 대략 13살 어린아이가 아버지가 된다. 그러면 자식과 나이 차이는 12살밖에 나지 않는다. 이론상으로 전혀 불가능한 일 아니다.

설이는 암담했다. 방학 동안에 집에 있으라는 의미는 다른 뜻이 있음이 분명했다. 설이의 짐작으로는 자기의 대학진학을 막겠다는 의지의 표현인 것이 분명하였다. 아직까지는 대학을 보내주십시오 하는 얘기는 입 밖에도 내지 않았다. 지난 추석 후에 시골로 시집간 언니가 엄마 보려 다니러 왔다가 온 식구가 아침을 먹는 밥상머리에서 이런 저런 이야기 하는 가운데 시집간 언니께서 엄마에게 이런 말씀을 하셨다.

"엄마 설이는 공부도 잘하고 하니 더 공부를 시켜 나같이 시골 무지렁이에게 시집가 지지리 못나게 고생하지 않게 뒷바라지 해주세요."

그때도 오빠는 아주 못마땅한 표정을 지으시며 공판장에 일이 있다면서 아침을 먹는 둥 마는 둥 하시면서 두 살 아래 터울인 동생보고

"니(너) 언제 집에 가노? 김 서방 기다리겠다." 하시고는 일어나 밖으로 나가셨다.

아침밥 먹고 가라는 뜻은 아닌 듯한데 듣기에 따라서는 섭섭한 말투이지만 아무도 이의를 다는 식구는 없었다.

설이는 능금나무 집(과수원) 딸이다. 당시에는 능금나무 한 그루와 논 한 마지기(200평)와 바꾸지 않는다는 말과 같이 능금나무는 부의 상징으로 부잣집 딸이기도 했었다. 아버지가 일찍 돌아가시고 홀어머니 밑에서 장가간 오빠와 함께 조카들과 사는 처지이고 보니 어머니는 연로(年老)하시어 집에서도 권한이 없고 자연히 가정경제는 오빠가 가지고 계셨다. 오빠 아래 두 살 터울의 시집간 언니가 한 분 계시나 출가외인이라 거의 친정에는 오지도 않고 형부는 시골에서 농사를 짓는 사람으로 어느 농촌 할 것 없이 엇비슷하여 농사일에 매달리며 자기 자식 뒷바라지하다 보니 하나 있는 동생 설이에 대한 마음은 있지만 생각대로 되지 않는 것 또한 어쩔 수 없는 일인 것이며 한편으로는 어머니도 계시고 가장인 오빠가 어련히 잘해줄까 생각하며 지내다 보니 동생 설이에게 어려움이 있다는 것은 꿈에도 생각지 못한 것이다. 오빠는 자기 자식이 줄줄이 자라고 있으니 가까운 미래를 생각해서인지 여동생의 대학진학을 못마땅하게 생각하고 계셨다. 하시는 얘

기로는 우리 면에 고등학교 다니는 여자 애들이 몇인지 손으로 꼽아 보라는 것이다. 당시에는 한 면에 여고생이 손으로 꼽을 정도이니 그렇게 말할 수 있었을 것이다. 겉으로는 그런 이유 들어서 말씀하시지만 오빠의 더 큰 이유는 자기 자식도 자라고 있으니 동생은 고등학교만 졸업시켜 얼른 시집 보내버리고 자기 아들딸들을 제대로 건사해야겠다는 한 다리도 천리라는 이기심이 발동했기 때문인 것이다.

패스포트 문제가 있고 며칠 지난 후 설이는 오빠와 담판을 지어야겠다는 생각으로 식구들이 모두 모인 자리에서 오빠에게 자초지종을 얘기했다. 어떻게 하든 패스포트를 발급받으려면 돈이 필요했던 것이다. 전과 마찬가지로 오빠는 완강했으며 패스포트란 패자도 입 밖에 내지 못하게 하셨다. 불을 보듯 뻔히 보인다. 3달 패스포트가 문제가 아니고 대학진학이 문제인 것이 확실했다.

몇 날 며칠을 어머니를 붙들고 대학 간다고 앙탈을 부렸지만 어머니는 오빠에게 말 한마디 못하고 일찍 죽은 영감 사진만 들여다보며 영감 이 일을 어쩌면 좋아요 하며 방바닥을 두드리며 넋두리를 하며 원망하지만 정작 오빠가 들어오시면 언제 그랬어 하듯 시치미를 뚝 떼며 아무 일 없는 표정을 지어보이시는 것이다.

그러니 오빠는 왕처럼 군림하며 가정경제를 좌지우지하는 것이었다. 그러고선 여자가 대학을 나와 봐야 무얼 하느냐 하시는 것이었다. 시집가면 대학 나왔든 아니 나왔든 밥하고 빨래하고 아이들을 키우고 살림하는 것밖에 더 있느냐 하는 것이다. 이유야 어떻든 간에 오빠 생각에는 시집가면 남의 집 사람이 되는 것인데 뭐 하려고 남 좋은 일 시키느냐는 속셈이며 여동생은 고등학교만 졸업시켜 얼른 치워버리는 것이 상책이다 라는 생각을 아마 가지고 있는 것이다.

그러고 보니 조카는 벌써 초등학교 고학년이며 밑으로 줄줄이 고만

고만한 아이가 3명이나 딸려있다. 아침이면 의복이며 도시락 싸기, 올케는 눈코 뜰 새 없이 바쁜 일과를 보내다 보면 시누가 학교 다닌다는 핑계로 농사일은 고사하고 조카들이라도 조금 챙겨주면 조금은 수월하련만 자기 할 일만 하며 뻰질나게 친구들과 어울려 놀러만 다니려 하니 눈꼴사나운 것은 같은 여자로서 어쩌면 당연한 일인지도 모른다.

어떤 때는 한껏 튀어나온 입술을 하고 남편에게 자기는 이렇게 눈코 뜰 사이 없이 바쁜데 아가씨에게 얘기하여 일손 좀 도우라 하소 하며 볼멘소리도 여러 번 했다. 그럴 때마다 오빠가 설이에게 올케 도와주라고 타이르면 그도 잠깐 돕는 시늉만 하다 마는 것이다. 어떤 날은 동생을 향하여 너는 만날 이 핑계 저 핑계 대며 놀러만 다니지 말고 과수원 일이며 부엌일이며 조카들 뒷바라지며 눈코 뜰 사이 없는 올케 좀 도와주라는 노골적인 꾸지람에 안 그래도 도와주려 했던 마음도 벨이 틀려 돕는 척하다 방으로 들어오는 일도 없지 않았다. 누가 올케와 시누는 견원지간이라 했던가. 집안의 일이 울 밖으로 넘어가면 좋지 않다면서 올케가 없는 데서 어머니가 슬쩍 아범아 설이가 하는 대로 놔두어라 가끔 지 올케 도와주는 것 같더라 자도 시집가면 할 것 아닌가? 시집가기 전에 좀 놀아야 안 되겠나 하시며 점잖게 핀잔을 주신 적도 있었다.

10. 올케

올케는 초등학교만 졸업하고 부모님의 농사일을 돌보며 신부수업을 하다 시집을 온 것이다. 허긴 신부수업이라고도 할 것 없는 그냥 농사철에 농사일을 돌보다 세월 흘러 혼기가 차니 중매쟁이 노파의 수다에 넘어가 신랑이 색시집을 방문한 것이다. 안방에서 새색시와 여러 어른들과 이야기를 하다 둘이 이야기 좀 하구로 자리 비켜주자는 의견을 좇아 어른들은 밖으로 나가시고 명색이 선을 본다며 마주 앉아 서로 머뭇거리며 뜸을 들이다 몇 마디 말도 서로 섞기 전에 벌컥 방문이 열리며 색시 아비라는 사람이 이제 그만 되었지 하며 둘이 있으면 자기 딸 잡아먹을까? 겁이 나는지 방으로 들어오시니 정작 물어보고 싶은 말들은 한마디도 묻지도 듣지도 못하고 쓰잘 데 없는 오늘은 날씨 참 좋지에 하는 등 쓸데없는 신변잡기나 뻔히 알고 있는 동생 몇이지예. 둘입니다. 묻고 대답하는 등 몇 마디 하다 일어나 밖으로 나오는 것을 끝으로 맞선을 본 것이다.

그때 본 청년의 얼굴 기억도 하지 못하는데 사성이 오가며 날짜를 잡고 집으로 신랑이 와서 초례청(醮禮廳)을 차려놓고 홀기(笏記)를 읽는 지금 같으면 결혼 도우미의 교배례(交拜禮) 하는 소리에 여자는 절 두 번 남자는 절 한 번 하는 것을 끝으로 술잔이 오가며 여자는 술잔을 입에 대는 것을 허락한다는 표시로 시집을 온 반가(班家) 출신의 올케이다. 면 소재지에서 한참을 걸어서 가야만 닿을 수 있는 곳 출신으로 아무 말은 하지 않아도 시누는 여고 다닌다며 엉덩이 들썩거리는 꼴이 눈이 시린데 마음속으로 얼른 시집 보내버리는 것이 마음 편한 일이다 생각했을 것이다.

일요일 저녁 밥상 앞에 모처럼 식구들이 다 모였다. 조카들도 함께 있는 자리에서 오늘은 기어이 대학진학을 관철시켜야지 하는 마음으로 마음에 준비를 하고 설이는 나름대로 계획을 세웠다. 평소에 큰 조카(초등 고학년인)는 설이를 잘 따랐다. 이성에 눈 떠 여자를 볼 수 있을 법한 초등학교 고학년 남학생이다. 조카가 보기에도 고모는 흰 피부에 볼륨 있는 늘씬한 몸매며 어쩌다 바람에 날리는 머리카락에서 풍기는 알 수 없는 짙은 향기가 싫지 않다는 느낌을 가졌다. 초등학생인 자기가 생각해도 고모는 최고의 미녀이며 남자들이 반할 만하다고 생각하면서 커서 장가를 간다면 고모 같은 여자와 결혼할 것이다 정해 놓고 있는 실정이니 고모의 말이라면 무엇이나 다 들어드리고 싶은 마음이다.

설이는 큰조카가 자기를 잘 따른다는 것을 알고 조카에게 미리 귀띔을 해 놓았다.

"영훈아, 내가 너거 아버지께 내가 대학 보내 달라고 말하면 니는 무조건 이렇게 말해야 된다."

"아빠, 고모 대학 보내주세요."

"고모가 대학 가면 저 공부에도 정말 도움이 많이 될 거예요."

"지금도 고모가 많이 가르쳐주어 저 공부 잘 하잖아요."

"아빠, 그라고 우리 집에 여자 대학생이 있으면 얼마나 자랑이에요."

미리 조카 영훈이와 작전을 짜놓았다. 상을 물리고 바쁘다면서 밖으로 나가시려는 오빠에게 설이는 다급한 마음으로 말씀을 드린다.

"오빠, 잠깐 드릴 말씀이 있어요." 일어서시는 오빠의 바지를 잡는다.

"오빠, 잠깐이면 돼요." 하는 동생 설이의 말에 나가다 말고 엉거주춤한 자세로 서 있으며 설이를 보면 무슨 말인가 해보라는 표정이다. 한 번 더 애원하듯

"오빠, 잠깐이면 돼요. 잠깐만이라도 앉으세요." 오빠는 마지못해 자리에 앉는다. 오빠와 한집에 살면서 이렇게 어렵고 불편한 마음은 처음이다. 설이는 마른 침을 꿀꺽 삼키면서

"오빠, 지금 말씀드리겠습니다."

"저 얘기를 들어보시고 진지하게 한번 생각해 주세요."

오빠는 얘가 지금 무슨 이야기를 하려고 이렇게 뜸을 들이나 의아한 표정으로 동생을 본다.

"오빠, 저 대학가고 싶습니다. 아니 대학 가야겠습니다."

"입학금 한 번만 도와주세요."

"그 다음은 제가 무슨 일을 해서든지 집에는 폐를 끼치지 않고 제힘으로 해결하겠습니다."

말을 해놓고 나니 갑자기 설움이 밀려온다. 설이 자신도 모르는 사이 눈물이 난다. 중학교 졸업하기 전 졸업 날짜를 며칠 앞두지 않고 평소 황달을 앓으시던 아버지께서 인근에 있는 촌 병원에서 마지막 숨을 거두셨다. 아버지는 설이를 무척 귀여워하셨다. 막내딸은 더욱 귀하기 마련인데 붙임성이 좋아 과수원에서 일을 하면서도 딸아이를 끼고 돌았다. 그 아이가 훌쩍 자라 중학교를 졸업하고 그 유명하다던 k여자고등학교 시험을 쳐 당당히 합격하였다. 그런 딸이고 보니 입버릇처럼 설이가 고등학교 진학하는 것을 보고 죽어야 할 텐데 하셨지만 설이의 진학도 보지 못하시고 하느님 곁으로 가신 것이다. 그때 병원 온돌방에서 설이의 손을 잡고 훌쩍이는 아내를 보며 아이들을 잘 부탁한다는 말씀을 끝으로 숨을 거두셨다. 돌아가신 아버지의 얼굴이 천정에서 빙그레 웃으시면서 내려다보시는 것 같다. 그러고선 한순간

"얘야 그렇게도 대학을 가고 싶으냐?"

"내가 도와주지 못해 미안하구나." 하시는 아버지의 음성이 들리는 듯 아버지가 방안 어디에 와 계시며 식구들을 내려다보시는 듯 착각마저 든다.

지금 방안에 있는 온 식구는 오빠가 무슨 말을 할까? 가슴 조마조마하면서 오빠의 입만 쳐다보며 기다린다. 잠깐 숨죽이는 시간에 불쑥 초등학교 정훈이가 말을 한다. 누가 말릴 틈도 없다.

"아빠, 우리 고모 대학 보내주세요."

"아빠, 우리 집에도 대학생 있으면 자랑이잖아요."

"그리고 고모가 대학 가면 내 공부에도 많은 도움이 될 거예요."

"지금도 고모가 많이 가르쳐주셔서 저 공부 잘 하잖아요"

누가 정훈이의 말을 가로 막을까 겁이 나는지 속사포로 얘기를 한다. 정훈은 자기 아버지가 어떤 마음을 가지셨는지 안다. 정말 고모를 도와주고 싶은 마음이 있어 이렇게 말을 하는 것이다. 아직 할 말이 더 있는데 갑자기 정훈을 보는 자기 아버지의 심상치 않은 시선을 느꼈는지 말을 멈춘다. 오빠는 아주 언짢은 표정을 지으신다.

"얘가 어른들 얘기하시는데 대체 이게 무슨 버르장머리고." 그러고는 옆에 무슨 얘기를 하는지 궁금하게 생각하며 펑퍼짐하게 앉아 있는 마누라에게 불똥이 튄다.

"애 교육을 어떻게 시켰기에 이렇게 어른들 말씀 중에 끼어들어." 하시고는 자기 아들의 무릎을 탁 치면서

"너는 저 방으로 가서 공부나 해라." 하시면서 눈을 부릅뜬다. 어느 안전이라고 정훈은 더 이상 말을 잇지 못하고 볼멘 표정으로 옆방으로 건너갔다.

이제까지 듣고 있던 오빠는 이것 섣불리 다루다간 안 되겠다는 마음인지 표정이 얼굴에 나타난다. 험하게 일그러지는 표정으로 고함부터 지른다.

"야! 인마, 나는 대학가고 싶지 않아서 대학 안 갔나?

"나도 가지 못한 대학 어째 니(너)가 갈라 카노?"

"우리 집에 어디 돈이 썩어 문드러지나."

"내 참 기가 막혀, 가시나가 어디 건방시럽구로 대학이다 뭐다 하노." 한방에 대못을 박는다.

"고등학교 나오는 것도 고맙게 생각하고 졸업하고 얌전히 있다가 좋은 사람 택해 줄 테니 시집이나 갈 일이지?" 누가 무슨 말을 할까 생각하셨는지 일사천리로 말을 하고서는 일어나면서

"알아 들었제!" 하고는

"다시 대학 간다는 말 입 밖에 내 봐라. 쫓아내 버릴 끼다." 하고서는

"내 바쁜 일 있어 나간다." 하면서 일어나 방문을 열고 횡하니 밖으로 나간다. 나가는 바짓가랑이 사이로 찬바람이 일며 방안으로 날개 달린 듯 들어온다. 방안에 어느 누구도 말을 할 수 없었다. 함께 계시는 어머니도 아무 말씀도 못 하시고 장죽 담뱃대에 불을 붙이시고는 원수인 양 길게 담배만을 빨아 당기신다.

흰 담배 연기가 온 방안에 있는 가족 모두의 근심인 양 오르락내리락 퍼지면서 가득 채운다. 할 말마저 잃은 설이는 이젠 더 이상 오빠에게는 희망이 없다는 것을 절실히 느낀다. 더욱 가슴이 답답해진다. 가만히 앉아있던 올케가 설거지하러 나간다면서 툭 던지는 말 한마디가 비수가 되어 가슴에 깊이 박힌다.

"아가씨, 오빠 말씀 고깝게 듣지 마이소."

"뭐 오빠도 아가씨 대학 보내는 것 싫어서 저러겠는교?"

"지난해 태풍으로 사과 농사도 망쳤고 올 농사도 신통찮으니 화가 나서 그러는 게지요."

"그라고 아닌 말이지만 대학 나오면 뭘 해요. 하늘에서 별이라도 따 준답디까? 시집이나 잘 가면 되지요. 안 그래요?"

뭐라 카는 시어머니보다 말리는 시누가 더 밉다더니 가만히 놔두면 좋을 것을 올케가 가슴팍을 확 긁어 놓고 부엌으로 살쾡이 같이 빠져 나간다.

설이는 방안에 앉아 있지 못한다. 일어서면서

"엄마, 나 잠깐 나갔다 머리 좀 식히고 들어올게요."

아무 말도 못 하시고 걱정하시며 쳐다보시는 어머니의 주름진 야윈 얼굴에 짙은 그늘을 본다. 말을 마치고 문을 열고 밖으로 나오는 설이의 마음을 후벼 판다.

어머니가 계시는 자리에서 얘기하는 것은 아니었는데 후회한다. 말은 하지 않았지만 여자이지만 아들인 오빠보다 공부도 곧잘 하며 똑똑하다. 어디 한 군데라도 흠 잡을 때 없는 딸의 모습을 보면서 재가 아들이었으면 얼마나 좋을까? 생각하기도 한 어머니시다. 그런 어머니이시니 오늘 이 분란을 보시면서 얼마나 가슴이 아팠을까? 어머니의 마음을 헤아려 보면서 마당으로 나온다.

아버지가 계시지 않는 지금에는 어머니는 거저 허울뿐인 이름이다. 조선의 여자들이 다 얽매인 삼종지도란 허울 좋은 족쇄에 노예가 된 마당에 어머니인들 어쩔 수 없는 조선의 여인일 따름이다. 그런 어머니께 마음의 상처만 더 안겨드릴 뿐이다.

11. 결심

어둑해진 마당에는 능금나무 가지 사이로 저 멀리 서쪽 하늘에는 둥지를 찾아가는지 새 한 마리가 휑하니 스쳐 지나간다. 저 새도 집을 찾아 하늘을 나는데 나는 지금 집을 나선다. 어둑한 밤하늘을 혼자 집을 찾아 날아가는 저놈도 나처럼 외롭지 않을까? 희미하게 보이는 하늘의 별들도 모두 혼자 외로이 반짝이는 것을 보니 무언가 전하고 싶은 말들을 전할 수 없으니 저렇게 반짝이며 자기 마음을 알리는 것은 아닌지 하늘의 별마저 외롭게 보인다.

나무와 철사줄로 얼기설기 엮어놓은 문이랄 것도 없는 문을 밀고 자갈돌로 다져진 길에 나왔다. 왼쪽으로 돌아 산이 있는 곳으로 발길을 옮긴다. 가면서 이제 어떻게 해야 하나 오빠의 도움으로 대학진학은 어림없다. 어떻게 하더라도 방법을 찾아야 한다. 길을 걸으면서 이 생각 저 생각 나래가 되어 먼 허공을 가로지른다. 어쩌면 방법이 있을 것 같기도 하다. 궁리를 해본다. 이젠 집에서 학교 다니는 것도 귀찮은 생각이 든다.

가족이면서 마음에도 없으면서 억지로 웃으며 대하는 올케의 말 대가리 같이 생긴 그 긴 얼굴을 보는 것도 괴로움이 될 것만 같다. 매사에 정하나 없는 오빠의 근엄한 얼굴, 천과 솜으로 만든 포근한 인형이 아니라 핏기 하나 없는 하얀 밀랍 인형 같은 모습을 보는 것 또한 유쾌한 일은 아니지 싶다. 길을 걸으면 많은 생각이 한꺼번에 바다의 파도처럼 저 먼 수평선에서부터 밀려오는 것 같다.

어느덧 오르막길에 다다랐다. 계속 가면 면이 다른 한 번도 가 본 적이 없는 낯선 지방이다. 오른쪽으로 가면 밤나무가 숲을 이루고 못이라 하기에는 규모가 작은 웅덩이도 있다.

이젠 제법 깜깜한 밤이다. 하늘에 별은 더 많고 더 밝게 빛을 낸다. 이젠 별 따라 길을 가는 것이 편하다. 오른쪽으로 발길을 옮긴다. 이곳은 거의 인적이 없다. 무섭기도 하고 조용하기도 하다. 천천히 걸어가면서 이 밤에 여기에 나 외에 사람이 올 일도 없으니 괜찮겠지 생각하지만 조그마한 소리에도 귀가 쫑긋한다.

더 가기에는 아무래도 겁이 난다. 왔던 길을 뒤돌아 나온다. 걸음을 빨리하여 강으로 향한다. 집에서 입은 채로 나왔다. 11월 하순이지만 밤바람이 차다. 그래도 견디기 어려울 정도는 아니다. 강에 가서 흐르는 물을 보고 있노라면 무언가 생각이 정리되겠지 아니면 새로운 아이디어가 떠오르겠지 천천히 걸어가던 발걸음을 조금은 빠른 걸음으로 바꾼다.

어느덧 강에 다다랐다. 면사무소 쪽 불빛이 강을 비춘다. 강물에 비친 불빛이 월주(月柱)가 되어 미풍에도 설이의 마음같이 바다의 조그마한 파도마냥 일렁인다.

둑에 앉았다. 서쪽 밤하늘에 높은 산이 시꺼멓게 하늘과 접해있다. 시꺼멓게 변한 산 위의 별들은 수를 놓은 듯 반짝이며 보였다 아니 보였다 가만히 있지 못한다. 바람 따라 흐르는 외톨이 구름들이 지나다니며 별빛을 막으며 훼방을 놓는다. 무수히 많은 크고 작은 별들 그중에서 밝게 반짝이는 별 하나를 보며 말을 걸어본다.

'너 이름은 뭐니, 너 있는 곳은 좋으니, 어떻게 하면 너 있는 곳에 갈 수 있을까? 바람에 움직이는 구름 타고 갈 수 있으면 얼마나 좋을까? 아니면 훨훨 날아다니는 새들 중에 가장 빠른 제비를 타고 갈 수는 없을까? 아니면 마음이 가면 몸은 여기 있지만 벌써 가 있는 것이 아닌가? 물질의 이동에는 시간과 공간이 필요하지만 마음의 이동에는 그 무엇도 필요치 않을 것이다. 올려다본 밤하늘의 별과 별 사이는 얼마 되지 않은 거리인 것 같다. 훌쩍 뜀박질하면 건너갈 수 있을 것 같다. 내 손가락을 걸치면 다 닿는 자리에 있다. 오늘 저녁 이 밤에 여러 별을 가 봐야겠다. 훌쩍 또 훌쩍 계속 뜀박질한다.

한동안 설이는 강둑에서 만사를 잊고 별들과 즐겁게 이야기하며 생각을 정리한다. 이 별 저 별 방문하기도 하고 아픈 마음을 털어 놓기도 하며 하소연하기도 한다. 머리를 돌려가며 온 하늘의 별을 다 올려다본다. 이렇게 많은 별과 이야기하기는 처음이다. 설이는 가슴을 열어놓고 답답한 마음을 이야기하면 어느 별도 거절하는 법이 없다. 환히 웃는 얼굴을 하고 알아들었다며 이해한다며 속이 많이 상하겠다며 그러면 그렇지 어련하겠느냐며 다 잘될 것이다 라며 반짝반짝 대답을 한다. 지금도 내가 하는 말을 귀담아 듣고 밝은 얼굴로 반짝이며 대답을 한다.

고개를 돌려 북쪽 하늘을 본다. 내가 아는 별이라곤 북두칠성밖에 없다. 일곱 개의 별이 아라비아숫자 7과 같은 형태로 자리하기 때문에 붙은 이름인가? 첫 별부터 마지막 별까지 말을 걸어본다. 일곱 개의 별이 하나같이 말을 한다. 설이야 네가 계획했던 대로 하여라 길이 있을 것이다. 지금 용기를 잃어 주저앉으면 영원히 일어나지 못할 수도 있을 것이다. 너같이 젊을 때 활화산같이 가슴 저 밑바닥으로부터 불이 활활 타오르듯 할 때 가장 힘이 있고 용기가 있으며 뜻한 바대로 이루어질 수 있는 확률이 가장 높은 것이다. 주저하고 이럴까 저럴까 망설이고 뒷걸음질 치며 겁부터 내면 이루어질 것 아무것도 없는 것이다. 가장 중요한 것은 부딪쳐 보는 것이다. 시작을 하는 것이다. 그렇게 하다 보면 방법이 생각나며 해결의 실마리가 잡히는 것이다. 처음부터 무엇이나 다 잘 알고 하는 사람은 그리 많지 않다. 다들 시행착오를 겪으면서 해결하면서 이루어가는 것이다. 공부도 그렇고 일도 다 그러하단다. 처음 생각하던 대로 얘기하고 도움을 청해보고 기어이 안 된다면 너 혼자 힘으로 해결하도록 한 번 시도해보아라. 시작이 반이란 말도 있다. 설이는 별 하나 나 하나 아니고 별 하나에 물어보면 대답이 하나, 별 둘에게 물어보면 대답은 둘 점점 밤은 깊어간다.

어느 별 하나를 가리키며 별 하나 자신의 가슴 만지며 나 하나, 이번에는 자신의 가슴을 만지며 설이는 설 둘 하면서 다시 우러러 하늘을 본다. 설이의 눈엔 별이 너무 많다. 아래로는 줄이 되고 옆으로 비켜난 유독 빛나는 일곱 개의 별을 본다. 이번에는 북두칠성을 세며 북두칠성 일곱 하다 울먹인다.

어느 여름날 더위를 피해 아버지와 함께 과수원 거닐다 들려주신 북두칠성에 대한 아비지의 말씀이 떠올랐기 때문이다. 옛날 우리 고장에 정몽주라는 선비가 사셨다. 이 정몽주라는 선비가 애기로 태어나실 때 아이의 어깨에는 마치 북두칠성 모양으로 일곱 개의 검은 점이 늘이서 있었다. 이 일곱 개의 점은 분명 범상한 일이 아니다. 하나의 점도 해석하기에 따라 사람의 운명을 길흉으로 가르며 예측하기도 하는데 이 일곱 개의 점은 분명 한 나라의 운명을 바꿀 수 있는 영웅이 될 인물임을 암시하는 것이다. 고려 말 이성계는 자신의 정치적 입지를 강화하기 위하여 어떻게 형제의 나라 그러니까 형의 나라인 명나라를 칠 수 있느냐며 위화도에서 회군하여 정적인 최영 장군을 죽이고 이성계의 정치적 입지를 공고히 하기 위하여 후에 태종이 된 이방원이 고려 말 충신 정몽주의 마음을 떠보기 위하여 하여가를 읊는다.

이런들 어떠하리 저런들 어떠하리
만수산(萬壽山) 드렁칡이 얽어진들 어떠하리
우리도 이같이 얽혀서 백년(百年)까지 누리리라

그에 대한 대답으로 포은 정몽주는 단심가를 읊는다. 그 유명한 단심가는

이 몸이 죽고 죽어 일백 번 고쳐 죽어
백골이 진토되어 넋이라도 있고 없고
임 향한 일편단심이야 가실 줄이 있으랴.

이는 기울어가는 고려를 목숨 걸고 끝까지 지키겠다는 의지의 표현이다. 충절의 의인이신 포은 정몽주 선생이 우리 고장 출신이니 얼마나 자랑스러운 인물인가 라며 덧붙여 그때 이성계가 최영 장군의 뜻을 받들어 몽골의 칭기즈칸 같이 기마병으로 하여금 전광석화로 정신차릴 틈을 주지 않고 명나라를 정벌하였으면 어떻게 되었을까? 한 번도 남의 나라를 쳐들어간 역사가 없는 것이 자랑인 양? 가르치는 우리 역사에 적어도 단 한 번의 정벌의 역사로 기록되지 않았을까 하는 아쉬움이 남는다.

더욱 국토가 작고 인구가 적은 나라는 큰 나라와 싸움을 하면 진다는 논리가 성립되지 않는 것은 칭기즈칸의 대륙정벌과 유럽까지의 진출은 이것을 증명하고도 남는 것이다. 지금도 이와 같은 논리는 이스라엘의 중동 전쟁이 그것을 말해준다. 얼마 되지 않는 인구이지만 살고 있는 사람들이 똘똘 뭉쳐 죽기를 각오하고 싸운다면 천지간에 무서울 게 없다. 살고 있는 사람들이 어떤 각오로 싸움에 임하며 어떤 머리로 싸우느냐에 달려 있는 것이다. 아마 그때 대륙정벌의 꿈을 이루고 만주 땅을 영원한 우리 영토로 만들었다면 지금과 같이 약소국이 받아야하는 설움 따위는 없을 것이다.(미사일을 만들면서 대국의 눈치를 보는 따위의 일은 아니 허가를 받아야 하는 설움은 없을 것이다.)

설이는 아버지의 그 말씀을 머리에 떠올리며 다시금 아버지 계시지 않은 처지를 생각하며 슬픔에 잠긴다. 방천 둑에 펑퍼짐하게 앉았던 자세를 고쳐 무릎을 세우고 앉은 자세를 풀고 일어난다. 내가 지금 몇 시간째 이러고 있었던가? 왔던 길을 되돌아 집에 왔다. 어머니 방의 불도 꺼져있고 오빠 내외의 방에도 불빛은 보이지 않는다. 자기 방의 방문을 열고 슬며시 들어간다. 방안에는 초등학교 다니는 조카 정훈이의 고른 숨소리가 들어온다. 어쩌거나 효과는 없었지만 자기를 도와주려던 조카 정훈이의 마음에 한없이 고마움을 느끼면서 자기의 마음을 한결 어루만져주어 눈물이 나는 것을 참는다.

정훈이의 머리를 한 번 쓰다듬으며 조카 옆에 슬며시 몸을 밀어 넣으며 이불을 당겨 덮는다. 잠은 오지 않고 깜깜한 천장을 응시하며 또 다시 깊은 생각으로 자신을 몰아넣는다.

여럿 식구들이 둘러앉아 저녁밥을 먹으면서 나누던 이야기를 다시금 생각해 본다. 이젠 집의 도움으로 대학을 간다는 것은 포기해야만 했다. 완강한 오빠의 고집을 꺾을 사람은 우리 집에는 아무도 없다. 엄마가 계시기는 하나 가정경제는 오빠의 수중으로 넘어간 지 오래고 엄마는 단지 엄마라는 이름으로 뒷방 늙은이로 밥이나 축내는 사람 정도로 취급되고 있을 따름이다. 설이는 자신이 대학을 못 가는 아픔보다도 엄마가 계시는데도 아무 말씀 한마디 할 수 없으며 더욱이 며느리까지도 무시하는 듯하는 행동은 더욱 설이의 마음을 아프게 한다. 그래도 어쩔 것인가. 엄마를 옹호하며 투쟁할 수는 더더욱 할 수 없는 일, 어차피 싫으면 떠나야 하는 것. 무거운 절보다 가벼운 중이 떠나는 것이 낫다는 옛말과 같이 내가 떠나야 하는 것이 백번 옳은 길이다 결론을 내린다.

쌕쌕거리며 자는 조카 정훈이의 옆에 누워있던 자신의 몸을 움직이며 이불을 머리 위까지 당긴다. 이 밤을 지내고 나면 나는 언제 또 오늘과 같이 잠자리에 들 수 있을까? 생각하니 쉬이 잠이 올 것 같지 않다. 그래도 억지로라도 잠을 자야지 하면서 잠을 청해 본다.

12. 집을 나오다

음산한 날씨였다. 설이는 조그마한 가방에 옷을 주섬주섬 챙겨 넣고 어머니 앞으로 편지를 한 장 써서 어머니 담배 삼지 주머니에 넣어두고 아무도 없는 날 집을 나왔다.(62년 11월 말) 엄마에게는 말할 수 없는 불효라는 것을 모르는 것은 아니지만 이러지 않고는 자신의 꿈을 펼칠 기회마저 잃어버리고 말 것이라 생각이 든다. 누가 최선이 아니면 꿈을 이루기 위해서는 차선을 택하는 용기도 있어야 한다고 말했다.

설이는 생각했다. 적어도 지금 내가 생각한 이 결행은 최선의 방법은 아닐지 몰라도 차선임에는 틀림이 없다는 것을 스스로에게 최면을 걸며 확신을 시킨다. 오빠는 분명 고등학교 졸업하면 집에 가두어 놓고 올케언니를 도우며 집안일이며 과수원 일을 하다가 일이 년 내에 중매쟁이를 통해서 말 그대로 치워(시집) 보내 버리려 할 것임에 틀림이 없다. 자기 딸이 결혼을 하는 것을 왜 치워버린다고 말하는 것일까? 궁금했었는데 이번 대학 문제로 오빠가 하는 말을 들으니 이해할 것 같다. 말 그대로 돈도 들고 귀찮으니 시집보내 치워버리는 것이 오빠 입장에서는 당연한 말일 것이다. 더욱이 옛날에는 모두가 가난했으니만큼 식구 하나 입을 줄이는 것도 가정에 도움이 되니까 시집보내는 것 즉 결혼하는 것을 치워 버린다고 했을 것이다.

초등학교 고학년인 조카는 고모를 무척 따랐다. 자기가 보기에도 고모는 멋쟁이다. 장차 장가를 간다면 고모와 같은 여자에게 가야겠다고 생각하는 정훈이다. 어린 조카이지만 고모 사랑하는 마음이 남달랐다. 대학 간다고 얘기했을 때에도 고모는 대학 가야 한다고 우리 집에도 여자 대학생이 있다는 게 얼마나 근사하냐며 거들었다가 어른들 말씀 중에 끼어든다고 혼쭐이 나고 울면서 건너 방으로 쫓겨났다. 어느 날 자고(정훈은 고모와 한방을 쓰지만 어쩌다 부모 방에서 놀다 잠들 때도 있었다. 그럴 때 억지로 자는 애를 깨워 방을 옮기지는 않는다.) 있었는데 자기 아버지와 어머니가 오손도손 나누는 얘기를 들었다며 고모에게 미주알고주알 다 얘기 해주어 알았다. 의례히 아들 녀석은 자고 있겠지 생각하신 모양이다. 아니 아들이 얘기를 들었다고 해서 고모에게 얘기해줄 일은 만무하다고 생각했을지도 모른다. 어머니의 무슨 말씀 끝에 아버지가 고모에 대한 얘기를 하시는 것을 들었다. 아버지 말씀이

"설이에 대해서는 당신 너무 걱정하지 말래도." 가는 음성으로 아내를 설득하시는 중이다.

"내게도 다 생각이 있다." 하신다. 다시 엄마 말씀이

"당신은 맨날 생각 있다 있다 해 놓고는 어무이(시어머니) 말씀 한 마디면 아무 말도 못 하면서." 볼멘소리다. 다시 아버지 말씀이

"이젠 그럴 일 없다."

"설이가 대학가는 일은 절대 없다."

"나도 대학 나오지 못했는데 지(설이)가 우애 대학 가노. 어림도 없는 소리 하지도 마라." 하시면서

"가시나가 무슨 대학을."

"잘 아는 중매쟁이에게 따로 얘기해 두었다가 졸업하면 일 년 내에 적당한 혼처를 찾아 시집을 보내겠으니 당신은 걱정 마라." 며 마누라를 다독인다.

이러한 부모의 베갯머리송사를 조카는 듣고 고모에게 다 얘기한 것이다. 미주알고주알 다 얘기는 할 수 없어도 대충 중요 내용은 고모에게 이야기했다.

고모는 대학 못 간다는 말은 차마 할 수 없었고 고등학교 졸업하면 시집보내려 한다는 말은 토시 하나 틀리지 않게 정확하게 일러바친 것이다. 어릴 때부터 설이는 첫 조카이고 또 생긴 모습도 귀공자 같아 무척 귀여워하였고 자주 데리고 다녔다. 누구에게나 귀여움을 받을 수 있는 생김새다. 그런 조카이니 사랑하는 것은 당연한 것이며 면 소재지에 사는 친구들 집에 가서 놀 때가 많았다. 여자들만이 있는 자리에서 귀여움을 독차지했다. 이런 보살핌은 초등학교 고학년으로 올라가서도 계속되었다. 그러니 고모 사랑하는 마음은 더 했으면 더 했지 변함이 없었다.

이성에 대해서 무엇인지도 모르지만 막연하게 본능적으로 사내아이가 아름다운 꽃을 보면 좋아하고 가지고 싶은 마음과 같다고 할 수 있을 것이다. 고모는 한 떨기 장미꽃이며 하늘을 훨훨 날아다니는 하얀 옷을 입은 천사이며 아름다움 그 자체였다. 그런 예쁜 분이 고모이고 보니 아무리 남이라 하더라도 마음을 빼앗길 판인데 피를 나눈 고모이니 오죽이나 좋아하겠느냐는 것이다. 그러니 잠결에 들은 부모님의 대화를 고모에게 얘기해준 것이다.

어린 조카는 아직 해야 할 말 하지 말아야 할 말을 구분하기는 아직 어린 철부지이기 때문이기도 하지만 그보다 고모 생각하는 마음이 남달랐기 때문일 것이다. 사전에 고모에게 귀띔해 주는 것이 부모에 대한 어떤 배신보다 고모에게 운신의 폭을 넓혀드린다는 어른들의 깊은 고뇌에서 우러나는 조언은 아니지만 고모를 도울 수 있는 무언가를 내가 할 수 있었다는 것은 팔딱 뛰는 조그마한 가슴에서 일어날 수 있는 알 수 없는 자족감은 없지 않았을 것이다.

방학 동안 학교나 도서관을 찾아 공부하기 위해 패스포트(보통 3개월을 단위로 끊는다)를 구입하기 위하여 돈을 달라 했을 때도 방학이니 집에 있으면 되지 무엇 하려고 패스포트가 필요하냐며 돈도 주시지 않았다. 겨울철에도 과수원은 농번기나 다름없다. 국광은 익어도 약간 푸르스름하나 홍옥은 익으면 아주 빨갛다. 겨울 동안 저장하여 늦겨울이나 구정(설)에 공판장에 넘기기도 하고 늦가을에 바로 서울로 화물차로 싣고 가 팔기도 한다. 이러려면 선별작업 또한 만만치 않다. 여름철 못지않게 일손이 부족하니 도우라는 압력이다. 설이는 겨울 방학 동안에 통학하며 학교의 도서관에 다니면서 나름대로 대학진학을 위한 마지막 공부를 하려 했었는데 어머니께 수차 말씀드렸지만 이제는 아예 엄마는 힘이 없다면서 오빠에게 얘기해서 타 써라는 것이다. 설이는 어쩔 수 없이 발이 묶이는 꼴이 되고 말았다. 그런 처지이고 보니 이젠 탈출구는 한 길밖에 다른 도리가 없는 것이다. 날씨마저 자기 마음과 같이 눈이나 비가 올 것 같은 꾸리무리(구름이 끼고 약간 어두운)한 날씨다. 이렇게 간단히 짐을 싸들고 집을 탈출하는 모험을 시작한 것이다.

설이는 금년 들어서는 오빠가 자기에게 하는 말이나 행동이 예전 같지 않다는 것을 느꼈다. 무슨 이유인지는 모르지만 동생 설이를 자기 앞에 서지도 못하게 할 정도로 닦달했다. 특별히 잘못한 일이 없는데도 말이다. 단순히 올케언니의 부엌일을 거들지 않는다든지 집안일을 도와주지 않는다든지 하는 사소한 것이 아니라 무슨 근본적인 일 그러고 보니 대학 간다는 말이 나오고부터인 것을 보니 자신의 대학문제와 연결되어있는 것이 분명하다.

여기까지 생각이 미치자 오빠의 마음은 내가 애원한다거나 눈물로 호소한다거나 또 다른 어떤 방법을 동원하더라도 돌이킬 수 없음이 확실하다. 이젠 남은 길은 단 한 가지 스스로 개척할 수밖에 다른 도리가 없었다. 이 결심을 하기까지 가장 큰 장애는 늙으신 어머님의 마음을 아프게 해 드리는 것이 가장 큰 괴로움이었다. 그러나 어쩌거나 다른 방도가 없는 것을 어머니께서 이해해 주실 것이라 믿으며 딸로 인해 마음 더 상하지 않으셨으면 하는 심정으로 자신의 심정을 담은 편지를 쓴 것이다.

하나는 엄마께 또 하나는 시집간 언니께 썼다. 언니에게는 자신의 마음을 이해해 달라며 어쩔 수 없이 집을 나가는 딸에 대해 어머니의 마음을 조금이나마 편안해질 수 있도록 조언하는 부탁도 잊지 않았다.

정훈이의 아버지 어머니의 베개송사를 듣고부터 설이는 처지가 비슷한 친구들과 의논을 하였다. 그런 친구들 가운데 어느 친구가 전에 함께 미팅 갔던 은주와 의논해 보라는 귀띔에 자초지종을 은주에게 의논했다. 은주의 말인즉 참 많이 마음 상하겠다며 자기 외삼촌이 직물공장을 하는데 그곳이라도 괜찮다면 얘기해 보겠다며 희망을 준다. 며칠 후 은주는 현장에서 일하는 직수 자리는 언제라도 좋다는 외삼촌의 말씀을 설이에게 전한다.

설이는 이것저것 가릴 수 있는 처지가 아니므로 외삼촌에게 늦어도 12월 초에는 회사에 다니겠다고 말씀드려 달라하고 우선은 친구가 자취하는 방에서 함께 지내기로 마음을 정했다. 금년에는 어차피 대학 진학을 포기하고 일을 하면서 돈을 벌면서 공부를 할 것이다.

은주의 외삼촌은 처음에는 다른 일자리는 없고 해서 우선은 공장(직수)에서 일을 하도록 해야겠다고 생각했다. 그런데 일이 잘 풀리려고 그러한지 경리를 보던 여사원이 결혼을 앞두고 신부수업을 한다면서 이달만 근무하고 그만둔다면서 미리 사표를 제출하였다. 그러다 보니 어차피 사무실 돈을 만지는 중요 자리가 생긴 만큼 연고 없는 사람을 채용하는 것보다 딱한 사정에 처한 조카의 친구를 채용하는 것 또한 명분 있는 일이라 선뜻 그러기로 결정한 것이다. 설이는 나름대로 생각하고 또 생각하고 먼 미래를 위한 지금의 고생은 어쩔 수 없는 자기 투자라 이해하고 고생하기로 굳게 마음을 먹는다. 집을 나온 설이는 그길로 친구의 자취방에 짐을 풀고 함께 자취생활을 시작한 것이다.

13. 직장생활

요즘은 일거리가 많다. 벌써 몇 달째 야근이다. 시설은 한정되어 있는데 주문량이 밀린다. 눈에 보이는 돈을 마다할 사람 어디 있겠는가? 지금은 단군 이래 최대의 호황이다. 나라 전체에 몇 대 되지 않는 직기는 대구 경제의 시발이며 부의 상징이기도 했다. 몇 대 되지 않는 직기이다 보니 한 대도 놀리지 않고 풀가동이다. 그러다 보니 사장도 사람인지라 이때 한몫 챙겨야지 하는 마음도 없지 않다. 주는 오더(주문생산 order production)는 설비는 생각지 않고 오는 대로 받아놓고 보니 많이 먹어 소화를 못 시켜 탈나는 몸 같이 고생을 하지만 고생 끝에 낙이 있다는 말을 믿는 것이다. 사장은 일에 겁을 낼 사람은 아니다. 일로 잔뼈가 굵은 사람이고 일로 인해서 지금의 사장이 있는 것이라 해도 과언이 아니고 보면 일이라면 그 자체가 사장에게 딱 어울리는 말이다. 사장은 일찍 일을 하다 죽은 사람은 못 봤다면서 일을 독려한 장본인이다. 그리고 직원에게 일을 하라 시켜놓으면 되는 것이다. 어떻게나 시켜놓으면 되기 마련이란 것을 그는 몸으로 터득한 경험을 갖고 있다. 아무리 많은 일을 한다 해도 일하다 죽는 법은 없다는 것을 그는 믿는 것이다. 자기가 그렇게 살아왔고 지금도 말짱하게 살아있는 것은 이를 증명하고도 남음이 있는 것이다. 더구나 지금 생산 작업은 사람이 옛날같이 발을 북채에 묶어놓고 손으로 북채를 잡고 당기며 밀며 힘을 써서 하는 일은 아니다. 베틀에 실을 걸어만 놓으면 시간이 지나면 개찰구로 탑승한 승객이 꾸역꾸역 밀며 자기 발로 걸어 나오는 것과 같이 실이 천이 되어 가만히 두어도 물같이 흘러나온다. 그리고 일한 만큼 시간 외 수당을 준다. 그게 다 어디야? 생각하는 것이다. 가만히 앉아있으면 돈이 생기나 떡이 생기나 밥이 생기나 몸을 조금만 움직이면 돈이 되는데 마다할 이유가 없다고 생각하는 것이다. 그러니 조금 더 일을 시키는 것은 자랑이면 자랑이었지 하등 문제될 일은 아니라 칭찬을 받아야 할 일이다. 일 많이 시킨다고 불평하지 말라며 불평하는 직원은 고생 모르고 자라 포시로워(손에 물을 묻히지 않고 고생을 모르고 자란)서 그런다는 것이다. 돈이 무엇인지 몰라서 그런다는 것이다. 돈의 중함을 깨닫지 못해서 그런다는 것이다. 자기와 같이 시골에서 살면서 코딱지만 한 텃밭 하나 없는 집안에 장남으로 태어나 일찍이 배고픈 설움을 맛봐야 돈의 중요함을 절실히 깨닫는다는 것이다.

이 회사 사장은 허리 한 번 펴지 못하고 뼈 빠지게 일을 해도 여덟 식구 입에 풀칠하기도 쉽지 않다는 것을 너무 잘 안다. 초등학교만 마치고 입 벌이하려 대구로 나와 직물공장에서 그나마 월급 한 푼 받지 않고 일을 했다. 밥 먹여주고 잠재워주며 일을 배우도록 해주는 것으로 감지덕지했다. 월급이란 말 입에 올리지도 않았다. 그만두라고 말하지 않는 것으로 만족했다. 스스로 일을 찾아서 하기를 십여 년 처음에는 월급 한 푼도 받지 않았지만 세월 흐른 후에는 사장이 알아서 통장을 만들어 매월 얼마간 넣어 주었다. 2, 3년 동안은 자기 월급이 얼마인지 통장에 얼마가 매월 들어오는지 몰랐다. 추석이나 설 명절에 시골 갈 때는 사장이 차비도 넉넉하게 쥐어 주었으며 부모님께 드리라며 선물이며 심지어 몇 해 전부터는 제사상까지 봐 주시어 감지덕지하며 자랑하며 시골 다녀왔다.

지금의 사장 일하는 모습을 보고 어느 날 사장이 지금 사장을 불러 자기는 나이도 많고 이젠 기력도 딸리고 기억 또한 예전 같이 못하여 이젠 손을 놓으려 하는데 알다시피 아들놈은 공장 같은 것에는 관심이 없는 것을 자네도 잘 알지 않느냐? 아무리 생각해도 공장을 맡을 사람은 자네밖에 없어 자네가 완전히 자리 잡을 때까지 내가 일감을 줄 터이니 공장을 한 번 맡아 해보라는 것이다. 자네가 공장 돌아가는 사정을 다 파악하고 혼자서도 공장을 잘 돌릴 수 있다고 생각될 때 그때 나는 물러나겠네. 서로 지나온 세월 동안 나나 자네나 어디 숨긴 것 없이 지내 와서 공장 사정에 대해서는 어느 누구보다 더 잘 알지 않느냐?

뺄 것도 보탤 것도 없다. 지금 있는 그대로 맡아 한번 해보겠나? 하시는 것이다. 사장의 제안을 받고 어떻게 할까? 하룻밤을 꼬박 세워가면서 고민을 했다. 그때 생각하기를 지금까지도 월급이라고 제대로 받은 적도 없었다. 내가 공장이라고 맡아 하다가 망한다 해도 잃을 것이라고 없는 몸이다. 망한다 해도 겁날 것이 없다. 그래서 마음을 굳히고 예하고 대답을 하고 시작한 공장이다.

처음에는 그렇게 하겠습니다, 하고 야드 당 단가는 물론 계약서도 없이 시작했다. 한 달 일을 하고 결산한 후 이것이 남은 돈이다 하며 주시면 그대로 받아들였다. 월급 통장으로 사용했던 통장에는 전과같이 돈이 매월 입금되었으며 또 다른 통장에는 한 달 결산 후 여러 가지 경비 공제 후 생산 활동비라면서 적지 않은 금액이 입금되었다. 통장을 들여다보니 동그라미가 여러 개인 숫자가 기록된 것을 보면서 혼자 생각했다. 고맙기하고 신기하기도 하고 또 이것이 공장인가 생각되기도 했었다.

그때 사장은 자기 아들에게 공장을 물려주려 했었다. 사장도 나이가 어느 정도 되어가니 이 공장을 어떻게 할까 여러 가지 궁리를 했다. 내가 어떻게 해서 지금까지 키워온 공장인데 당연히 아들에게 물려주려 했으나 하나뿐인 아들은 애초부터 먼지가 풀풀 나는 먼지 구덩이에서 일하기를 싫어했다. 먼지가 날지 못하게 가라앉힌다고 습도를 맞춘다고 물을 뿌리기도 한다. 언제나 공장 안은 눅눅하고 칙칙하다. 그러니 처음 공장 안에 들어가면 몸을 휘감는 습기가 기분을 나쁘게 했었다. 더욱이 여름에는 몸을 휘감는 옷이 착 달라붙어 걸어 다니기 불편할 정도이니 가끔은 속옷을 잡아 당겨주어야만 감겨 올라간 속옷이 제 위치를 찾는 공장 안이고 보니 사장 아들은 공장에 들어가는 것 자체를 싫어했다. 그리고 처음부터 사장이 아들 가르치기를 잘못했다. 오냐오냐하면서 서면 날아갈세라 앉으면 부서질세라 키웠다. 고생이란 전혀 몰랐다. 힘든 일이랑 걱정이랑 자기 아들 사전에는 없었다.

보통 있는 집 자식은 빗나가는 경우가 많았다. 못 입고 못 먹고 자기들은 고생고생하면서 이룬 재산이기 때문에 자식들에게는 그런 고생을 시키지 말아야 하겠다는 자기의 아픈 과거가 족쇄가 된 이 고정관념 즉 나만 고생했으면 되었지 자식에게만은 결단코 물려줄 수 없다고 하는 자식 사랑하는 이 아버지 마음이 결국 자식들이 빗나가는 잘못된 교육으로 이어지기도 하는 것이다. 그런데 이 집 아들은 그렇지 않았다. 오냐오냐하며 키워도 게으름 한번 피우지 않았다. 거기다 공부도 곧잘 했다. 그러니 돈은 있겠다, 무엇이나 아들이 말하는 것은 크게 사리에 어긋나지 않으면 들어 주었다. 하나뿐인 아들이겠다 매사가 긍정적이며 말썽부리는 일 없으니 귀여움을 줄 만하고 받을 만하였다. 단지 흠이라면 공장 일에는 취미도 없었고 관심 또한 없었다.

서울에 있는 대학에 다니다 미국으로 유학을 갔다. 유학생활 중에도 있는 집 자식이지만 빗나가지 않고 열심히 공부를 하였다. 특이하게도 전혀 관심을 가질 것이라 생각하지 않았는데 중학교에서부터 그림 그리기를 좋아했다. 고등학교에 올라가서는 미술반에 들어가서 실제로 그림을 그리며 특별활동을 하면서 두어 번 상도 받았다. 그러나 아들은 아버지가 환쟁이는 싫다 하시는 말씀을 들은 이후로는 그림에 대해서는 일절 말하지 않고 혼자만의 세계에서 미래 꿈을 키워갔다. 언젠가 스스로 해결할 수 있을 그때 아버지의 허락을 받을 것이다 마음에 각오를 다지면서 자신의 꿈의 길을 포장하기 위해 필요한 공구며 기구며 기계며 도구를 갖추어 갔다. 한마디로 실력을 쌓아갔다. 그때까지 그는 아버지 눈 밖에 나지 않도록 열심히 공부에 매달렸다. 어렸지만 무엇을 어떻게 하는 것이 미래에 자기가 좋아하는 것을 하며 살아갈 수 있을까 아는 학생이었다. 자기 길을 가는 방법이 갈 수 있는 방법이 무엇인지 알았다. 가장 근본이며 기본인 소질도 물론 있었지만 그보다도 그림 그리며 보는 그 환경을 좋아했으며 취미가 맞았다. 긴 머리를 휘날리며 베레모를 쓰고 파이프를 입에 물고 화랑에서 그림을 감상하는 화가가 된 자신의 모습을 그려 보는 것만으로도 벌렁벌렁 가슴이 펄렁거렸다. 그런 자신의 모습에 그 멋에 그 맛에 반한 것이다. 그림을 보는, 그리는 자신을 그 자리에 올려놓는다. 너무나 좋은 것이다. 꿈이 나래가 되어 창공을 훨훨 날며 무지개를 쫓아 넓은 하늘길을 가르는 것이다. 긴 머리를 휘날리며 파이프를 든 손으로 그림을 가리키면서 회랑(回廊)을 오가는 사람들을 보면서 웃으며 그림을 가리키며 설명하는 자신의 모습에서 전율을 느끼는 것이다. 보는 것만으로도 풍성하고 무엇을 먹지 않았는데도 배가 부르듯이 두근두근 가슴 설렘은 황홀 그 자체이다. 그런 청년으로 성장하였다. 불란서에서 본격적으로 그림 공부를 하였고 돌아와 졸업한 대학에서 학생을 가르치고 있다. 그러니 공장은 어쩌면 안중에도 없는 것은 당연하다.

사장에게 다른 아들이나 딸이 있다면 별 고민이 없겠지만 씻고 닦고 봐도 딱 하나뿐인 무녀 독남 외동아들이고 보니 어찌할 수 없는 노릇이었다. 거기에다 아들이 몰두하여 그린 그림 몇 점은 이젠 값나가는 명화가 되어 애호가들이 제일 갖고 싶어 하는 소장품 순위에서 언제나 상위권에 올라 있다. 값도 많이 나가지만 팔려고 내놓은 적도 없었다. 좋은 그림이지만 살 수 없는 그림으로 소문이 나니 사람이란 구하기 쉽지 않으면 가치는 더 올라가기 마련이었다. 그러니 더더욱 공장을 한다는 것은 자기에게 어울리지 않은 옷을 걸치는 것과 진배없다는 판단이며 예술가의 자존심에 먹칠하는 명예를 더럽히는 것이라 생각하는 것이다.

아들에게 여러 번 공장을 어떻게 하는 것이 좋은가 물었다. 그때마다 아들 대답은 한결같았다. 아버지가 하시고 싶은 대로 뜻대로 하시라는 것이다. 공장을 어떻게 하시든 자기는 관심이 없다는 것이다. 단지 바람이라면 아버지께서 한평생 몸 바쳐 이룬 사업이니만큼 더 발전할 수 있는 어떤 조치면 반대할 이유가 없다고 말씀드렸다. 그래서 어쩔 수 없이 말을 잘 듣고 지금까지 거역 한번 한 적 없는 지금 사장에게 공장을 물려준 것이다. 공장을 매물로 내놓고 값을 흥정하면 자기에게 돌아오는 몫은 지금 사장에게 물려주는 것보다 좀 더 받을 수 있을지 모르지만 팔고 나면 할 일이 없는 자기로서는 뒷방 늙은이가 되는 것 또한 싫었다. 적어도 지금 사장에게 공장을 물려주면 매달 얼마씩 매각대금 및 운영경비를 받으면서 공장에 출근하면서 앞으로 한 칠팔 년 간은 아니 십여 년을 내 공장이다 할 정도로 공장에 나올 수 있는, 자기로서는 명실상부한 사장 위에 회장으로 군림할 수 있는 것이지만 그러한 성품은 또 하기 싫어하는 사람이다. 그냥 공장을 그만두었지만 매일 출근할 수 있는 곳이 있다는 것이 자기가 바라는 확실한 매력이었다.

전임 사장의 됨됨이나 지금의 사장 즉 설이의 친구 아버지 되시는 분이나 사람이 고만고만하여 무리하지 않고 분수를 아시는 분들이므로 사리에 어긋남이 없으므로 어찌 보면 누이 좋고 매부 좋은 사이로 발전할 수 있었다. 설이의 친구 아버지는 이렇게 하여 공장을 물려받는 행운을 얻었다. 행운이라기보다 자신의 노력의 결과물이라 해야 할 것이다. 근면성과 우직함 그리고 무엇보다 매사에 정직한 마음 그리고 부지런한 몸놀림이 지금의 사장을 있게 한 것이다. 지금 사장이나 앞으로 되실 사장이나 두 분 모두 다 뿌린 대로 거두었다. 입사할 때 어설프던 몸가짐이었지만 살아있는 또렷한 눈빛을 보고 이 친구 다듬으면 무언가 해낼 것이다. 싹수를 보고 키운 지금 사장의 혜안이 미래를 예측한 또 하나 작품이었다. 지금 사장은 직원들 일 시키는 방법도 꾸지람은 일체 하지 않는다. 아무리 큰 잘못을 저질러도 사람 죽이는 일만 아니라면 무엇이든 사람이 해결하지 못할 일 어디 있느냐 하는 것이다. 단지 돈과 시간이 더 들 뿐이라는 지론을 갖고 계신 분이다. 돈과 시간을 어떻게 사람하고 견줄 수 있느냐는 사고방식을 가지신 분이라 사람의 중요성을 일깨워 주신 분이다. 사람 중심의 경영을 몸소 실천하시는 분이시다. 언젠가 직원 한 분이 빔을 트럭에 싣고 가다 잘못하여 떨어뜨렸다. 빔이 망가진 것은 물론 원사 작업을 다시 해야 정도로 감긴 실은 엉망이 되었다. 실은 찢어지고 흩어져서 도저히 정상적인 작업을 할 수 없는 사고가 발생했을 때 얘기다. 이 사고를 보고 받으신 후 제일 먼저 물음이 운반하던 직원은 다친 데 없느냐는 물음이다. 다행히 괜찮다는 보고에 그러면 되었다, 하시면서 환한 얼굴을 하셨다. 빔이나 원사를 문제 삼은 것이 아니라 싣고 가다 떨어뜨려 무용지물이 된 빔을 다시 싣고 돌아온 직원을 붙들고도 다시 한 번 어디 다친 데 없느냐며 진정으로 직원을 사랑하는 사장의 안쓰러워하는 그 모습에서 사장의 마음을 읽는다. 사고가 났다는 소문에 함께 모여 있던 직원들은 감동을 받은 것이다. 빔을 다시 감아야 하고 납기도 맞춰야 하는 쉴 사이 없이 바쁜 일정이 계속될 것이니 그 수고로움이나 일정에 무척이나 화가 나실 것인데도 다시 빔을 하나 감는 데도 수월찮게 돈도 들어갈 것인데 직원 잘못으로 인해 자기 생돈이 들어가는 것은 엄두에도 없었다. 혹 직원이 몸이라도 다쳤을까? 걱정하시는 사장이 직원 대하는 태도가 어떻게 이렇게 다른 공장의 사장과는 다를 수가 있을까? 그날 퇴근 후 술자리에서 안주는 사장 이야기로 꽃을 피웠다. 이런 사장이라면 한 몸 바쳐 충성을 해도 될 만한 그릇 큰 사람이었다. 그저 돈만 아는, 돈만 버는 사람이 아니라 인간미를 갖춘 기업가이다. 앞으로 잘 되며 혼자만 잘되려고 하실 분은 분명 아니다. 인품에 대한 비약은 날개를 달고 훨훨 하늘을 수놓는다. 회사 경영은 이젠 걱정하지 않아도 직원들이 일머리만 틀어주면 척척 알아서 할 것이다. 그 이후도 꾸지람은 없었다. 그 대신 적절한 칭찬이 그 자리를 차지하였다. 이러한 모습은 꾸지람보다 몇 배 직원들을 두려워하게 했으며 일에 대한 책임감을 엄청 키웠다.

나이 들어 회사를 그만둘 때도 회사를 처분(물려줄)할 때도 자기 이익의 극대화를 위해서 외부에서 찾지 않고 내부에서 자기와 함께 일한 마음을 나눈 직원 중에서 찾은 인간적인 모습에서 사장의 인품을 한 번 더 직원들은 느낀 것이다. 그러고 보니 주는 사람도 받는 사람도 스스로를 알아본다. 즉 영웅은 영웅을 알아본다. 아니 사장은 사장을 알아본다고 해야 할 것이다. 이렇게 친구 외삼촌은 공장을 하게 되었으며 지금에 와서 설이에게 내일을 위한 조그마한 울타리가 될 수 있었던 것이다.

그해 겨울 다른 친구들은 다들 대학 입학시험이다, 졸업이다, 변하는 환경 속에 바삐 움직이느라 같은 친구이지만 설이에게 신경 쓸 겨를이 없었다. 설이 자신도 직물공장에 소개시켜준 친구 외에는 소식을 끊고 오직 일에 매달렸다. 경리 언니가 그만두기 전에 경리를 잘하려면 현장을 알아야 한다면서 오전에는 경리 옆에 책상을 두고 경리 언니에게 경리 일을 배우고 오후에는 흰 모자를 쓰고 흰 앞치마를 질끈 동여매고 직수 언니와 함께 베틀 사이를 끊어진 올을 찾아 쉬지 않고 다니며 현장 일을 배우는 중이었다.

입사 후 보름이 지났다. 설이 회사는 매달 25일이 월급날이다. 토요일이지만 오후에 첫 월급을 받는 날이다. 일요일도 월 첫 주 셋째 주일에는 일을 한다. 내일은 넷째 주일이라 모처럼 쉬는 일요일이다. 토요일 점심시간에 현장에서 같이 일을 하는 직수 언니가 설이를 보고 자기 집이 촌인데 절도 있고 하니 함께 자기 집으로 놀러 같이 가자는 것이다. 직수 언니에게 나 돈이 없어 못 간다며 거절을 했다. 직수 언니 하는 말이 오늘이 월급날이니까 너도 월급을 받을 테니까 돈 걱정은 안 해도 된다며 자기 말을 믿으라는 것이다. 그러면 월급을 받으면 같이 가자 약속을 하고 입사한 지 얼마 되지 않아 월급을 주시지 않으면 가지 않으면 될 것이고 만에 하나 월급을 받게 되면 함께 가도 나쁘지 않다 생각하며 퇴근 시간까지 열심히 일을 했다. 아예 받을 생각도 않고 있었는데 생각도 않은 첫 월급을 받은 것이다. 많지 않은 월급이지만 보통 첫 월급을 받으면 어머니 속옷을 사서 입으시라고 용돈을 드린다는데 설이는 집을 뛰쳐나와 혼자 자취하는 신세이고 보니 어머니께 용돈 드릴 방법도 없고 하여 내일은 휴일이지만 별로 할 일도 없고 하여 머리도 식힐 겸 현장 직수 언니를 따라 시골 언니 집에 가기로 한 약속을 지키기로 했다. 어디서 몇 시에 만나자 하고 자취 집으로 돌아왔다. 집을 뛰쳐나오고 첫 외출이라 마음이 설렌다. 함께 자취하는 친구에게는 회사 내 모임이라며 적당히 이야기를 한 후 일찍 시외버스 정류장에 왔다. 직수 언니 집이 있는 시골 행 버스와 고향 행 버스가 바로 옆에 정차해 있다. 마음이 이상해진다. 저 차를 타면 한 시간이면 고향에 도착할 수 있다. 어머니도 뵈올 수 있을 것인데 겨우 집을 나온 지가 한 달 반 정도(63년 1월)인데 무척이나 많은 세월이 흘러간 느낌이다. 나중에 시집을 가면 이런 기분이 아닐까? 엉뚱한 생각을 하면서 직수 언니와 함께 버스에 몸을 실었다. 고향 행 버스가 먼저 출발하고 이내 뒤따라 차가 출발한다. 차가 가는 방향이 고향과 같은 방향이다.

한 시간여쯤 달리다 보니 시골 절 입구에 도착했다. 주차장 바로 뒤쪽 구멍가게가 직수 언니 집이다. 가방을 들고 가게에 들어가니 나이 얼쑤 잡수신 아주머니가 혼자 앉아있다. 손님이 들어오시는 줄 알고 뭘 드릴까요? 하며 일어서더니 딸을 보고 반긴다. 아무 기별 없이 온 딸을 보시니 더 반가운 모양이신지.

"야야 우얀 일이고?" 하시며 가방을 받으신다. 뒤따라 들어오는 사람이 있다는 것을 아시고 설이를 보고

"웬 처자고?" 하신다. 의아한 눈으로 바라보며 딸에게 묻는다.

"어무이(어머니) 같이 일하는 아 아인교(입니다)." 그러면서 설이를 보며

"설아 인사해라. 우리 어무이다(어머니다)." 설이가 꾸벅 머리를 숙인다.

"안녕하십니까? 언니와 함께 일하는 서립(설입)니다."

"오야 잘 왔다." 하시면서 먼저 방으로 들어가신다. 둘은 뒤따라 들어간다.

조그마한 점포에는 날 일자(日) 방으로 통하는 방문과 출입문이 마주 보고 있으며 그 외벽 쪽으로 물건이 진열되어 있다. 점포 중앙 작은 장소에 테이블을 중심으로 몇 개의 의자가 놓여있다. 혼자 가게를 꾸려 가시며 생활하신다. 주차장을 이용하시는 시골 버스 손님들이며 기사분이며 회사 관계자들에게 담배며 음료수며 간단한 문구류 등을 파신다. 외지에 다녀오시는 손님이나 외지로 나가시는 손님들이 차 시간에 맞춰 잠깐 동안 물건을 진열해 놓은 곳 의자에 앉아 쉬시다 가시기도 하고 혹 여러 부류의 손님을 받을 시는 간혹 바깥방을 이용하시기도 한다.

장사가 잘된다고 할 수 없어도 딸과 단 두 식구이니만큼 큰 욕심을 내지 않고 생활하니 어려움은 모른다. 이 장사로 다른 수입이 없어도 딸은 조금은 멀리 떨어져 있는 남녀 공학인 중학교를 나올 수 있었다. 중학교를 졸업한 딸아이가 한 2여 년 어머니 심부름이다 아니면 잠깐 어머니가 자리를 비운 사이에 물건도 팔다 하더니 시골구석은 싫다 하고 더욱 치근덕거리는 기사 아저씨들이 가끔은 많이 컸다며 은근슬쩍 엉덩이를 만진다든지 농이지만 뽀뽀하자며 입술을 내민다든지 짓궂은 행동이 싫다며 도회로 나간다며 지금의 직물공장에 취직을 하여 집을 떠난 지 벌써 햇수로 2년이다. 그러고 보니 직수 언니가 설이보다 나이가 한창 위일 것이다 느꼈는데 겨우 한 살 차이다. 언니가 아니라 친구라고 하는 편이 서로에게 좋을 것 같다.

설이는 언니 집에서 첫 밤은 잠자리가 바뀌어서 그러한지 좀체 잠을 이루지 못했다. 바깥방에는 언니 어머님이 혼자 주무시고 설이는 언니와 함께 나란히 요를 깔고 이불을 덮는다. 눈을 붙이다 말고 생각이 나래가 된다. 동쪽 그리 멀지 않은 곳에 어머님이 계신다 생각하니 더욱 잠을 이룰 수 없었다. 몇 시간이나 뒤척이다 겨우 새벽녘에야 잠이 들었다. 얼마나 잤을까? 먼저 일어난 언니가 깨웠다.

이튿날 아침 언니가 자기 어머니보다 일찍 일어나서 가게 문을 연다. 그리고 뒷방으로 들어와 설이를 깨우려다 곤히 자는 모습을 보고 아마 늦게 잠든 모양이라 생각한다. 조금 더 자라며 이불을 어깨까지 올려주고 나간다.

아침밥을 지어 자기 어머니와 먼저 식사를 하고 설거지까지 마쳐도 설이는 일어날 줄 모른다. 그러고도 한참을 지난 후에야 잠을 자서 그렇지 아마 지금쯤은 배가 고플 것이다 생각해서 다시 깨우려 방문을 열고 보니 설이는 이불을 말끔히 개어놓고 방을 훔치다 말고 들어오는 직수 언니와 눈이 마주친다.

설이가 "언니 나 많이 잤지?" 하며 방긋 웃는다.

직수 언니는 설이의 얼굴을 바라보며 보조개도 참 예쁘다 생각한다.

"설아! 밖을 봐. 온통 하얗게 눈 덮여 있다." 다시 언니가 말을 한다.

"아침 먹고 우리 절에 가 보자." 분란을 떤다.

설이는 아침을 먹는 둥 마는 둥 하고 얼마 떨어지지 않은 절을 향해 직수 언니와 어깨를 나란히 하고 길을 나섰다. 산사의 오솔길은 한 뼘 눈이 쌓여 있다. 나무들은 온통 밤사이 내린 눈에 덮여 눈꽃으로 장관을 이룬다. 한 점 티끌도 없다. 푸릇푸릇 산에 백색의 눈이 뿌려져 온통 산을 하얗게 물들였다. 흰색으로의 완벽한 도배이다. 넓은 들에도 좁은 산골짝에도 신이 팔을 펼쳐 하얀 물감을 뿌리기 시작하더니 한순간에 온 세상을 완벽하게 일사분란하게 빈틈없이 눈이란 흰 벽지로 도배를 마친 것이다. 또 눈이 오는가 싶더니 쌓인 눈에 또 눈이 내리니 더러운 것 하나 없는 흰 나라의 향연이라 할 정도로 온 세상천지가 하얗다. 한순간이다.

만일 사람이 이렇게 완벽하게 온 천지를 눈으로 덮으려면 얼마만 한 시간과 노력이 필요할까? 물어볼 필요도 없이 인간의 힘으로는 불가능한 일이다. 인간이 할 수 있는 일은 한정적으로 어느 한 곳을 파괴할 때는 순식간에 할 수 있지만 무엇을 만들고 쌓고 건설하는 데는 많은 시간과 물질과 노력이 필요한 것이다. 이닌 이야기로 원자탄 한방이면 온 도시를 순식간에 파괴하고 수많은 사람들의 목숨을 앗아갈 수 있지만 파괴되기 이전의 도시를 다시 건설하는 데는 상상을 할 수 없을 정도로 시간과 노력과 물질을 쏟아 부어야 하는 것이다. 더욱이 죽어간 많은 생명체는 다시 살릴 수 없는 것은 더욱 안타까운 일임에 틀림없다.

이것은 어쩌면 파괴의 본질이다. 파괴의 본질을 정의한다면 엄청 빠르고 한순간에 일어나며 돌이킬 수 없다는 것이다. 예를 들면 핵폭탄 한 개를 싣고 비행기를 몰고 어느 도시 상공에서 투하하면 온 도시하나를 눈 깜짝할 사이에 깡그리 파괴하는 것은 아주 쉬운 일이다. 그 반대로 파괴된 그 도시를 파괴되기 전과 같은 모습으로 건설하는 것은 엄청 어렵고 힘이 든다. 바꿔 말하면 파괴는 한순간이나 건설은 돈과 많은 시간과 노력과 지혜가 있어야 가능한 것이다. 2차 대전 말기에 미국의 원자탄이 일본의 두 도시를 완전히 파괴하는데 걸린 시간은 그리 길지 않았다. 비행기 두 대에서 떨어뜨린 사상 유래 없는 폭탄은 두 도시를 완전히 폐허로 만들었다. 파괴의 본질을 이해하는 데는 이만한 교훈이 없을 것이다. 그 후 인간의 힘을 과시라도 하려는 듯 소련이 1959년 세계 최초로 달 탐사선 루나 1호를 발사 성공하였고 이어 1961년 4월 12일 인류 최초로 우주인 유리가가린을 배출하여 우주를 탐사할 수 있는 길을 마련하여 인간의 무한한 힘을 과시하기도 하였다. 뒤질세라 이에 놀란 미국이 많은 시간과 노력으로 닐 암스트롱을 달에 보내었으며 달에 발을 디딘 최초의 지구인이 되었다. 실질적인 달 정복의 역사 아니 우주 탐사의 역사를 구소련을 앞질러 다시 쓰게 한 것은 미국의 우주 탐사의 역사가 한발 앞서가는 것을 증명한 셈이다.

처음에는 도토리 키 재기 하듯 비춰지던 미국과 구소련의 우주 탐사의 역사는 많은 진전을 가져온 기회를 만들게 하였지만 먹고 사는 문제에 있어서는 하등 도움이 되지 못하였다. 그로 인한 후유증이 구소련 연방을 붕괴시킨 여러 가지 원인 중 하나가 아니었을까? 개인도 어느 집이건 자기 힘에 부치는 일을 하다 보면 파산하는 이치와 한 뼘 비켜 감이 없을 것이다. 나라나 개인이나 덩치가 아니 경제 규모가 작고 큰 차이일 뿐이라는 생각을 가진다.

인간도 어떤 사람을 만나느냐에 따라 한 인간의 운명이 달라지듯이 국가도 어느 국가와 동맹을 맺느냐에 따라 국가의 운명도 달라지며 그 속에 사는 많은 사람들의 운명 또한 바뀌지는 것이다. 역사가 그것을 증명하고도 남음이 있다. 중국과 소련과 동맹을 맺은 북한은 못살고 미국과 동맹을 맺은 한국은 잘사는 것은 어느 나라와 잘 지내느냐에 따라 백성의 삶의 질도 달라지는 것이다.

일제 강점기 시절 수많은 조선의 백성들 중 나이 조금 많은 남정네는 아오지 탄광으로 군함도로 밀림의 숲으로 부역에 몸부림쳤다. 청년은 남태평양으로 동남아시아로 중국 대륙으로 남의 나라 총알받이로 끌려가 전쟁의 희생양이 되었다. 또 처녀들은 취직이란 미끼에 속아 돈을 벌겠다고 또 어떤 아가씨들은 영문도 오르고 주재소 형사나 동사무소 직원에게 끌려 만주로 필리핀으로 동남아로 끌려가 태평양 전쟁터에서 군인들의 노리개로 자기의 귀한 몸을 여러 남정네에게 빼앗기는 여물지도 않은 어린 여성들도 많았다. 하느님이 정한, 한 남자는 한 여자를 만나 자기 부모를 떠나 가정을 이루는 하느님의 말씀을 어기는 언젠가는 하느님의 지엄한 벌을 받아야 하는 인간으로서 하지 말아야 하는 짓을 한 군국주의 일본인 그들이다. 대한민국 분단의 역사 그 원인 제공자는 소련과 중국을 등에 업은 이북 김일성이며 그 집단이다. 그러나 거슬러 올라가면 일본 제국주의자들이 한반도를 집어삼키지 않았다면 그들이 조선을 식민지로 만들지 않았다면 비극의 조국분단은 애초부터 일어나지 않았을 것이기 때문이다. 왜냐하면 소련이 북쪽에서 이 땅으로 내려올 일도 미군이 남쪽에 진주할 일도 없었기 때문이다. 그런 일본인데도 한국전쟁이 끝나고 세월 흐르고 나니 이제는 엄연한 우리 영토인 독도를 자기네 영토라고 막말을 하는 철면피들이다. 아닌 이야기로 설혹 예전에 자기네 영토라고 하더라도 한국동란의 처참한 동족상잔의 아픈 그 역사를 보았다면 또 분단의 역사 앞에 몸부림치는 이웃 국가의 아픔을 함께 아파한다면 또 그 이전에는 자기 선조들이 저지른 임진왜란 정유재란 그 살육의 만행을 사죄하는 의미에서도 자기 영토라고 말 못 할 것인데 옛날부터 명백한 우리의 영토인 독도를 지금에 와서는 자기 영토라 우기니 이러한 조무래기 동네 깡패 같은 행동이 어디 있을까? 이 지구상에 있어서는 절대 아니 될 깡패 국가가 아닌가? 심히 의심이 간다.

설이는 직수 언니와 함께 오솔길을 걸으면서 많은 생각에 잠긴다. 학교는 자퇴서를 쓰지 않았으니 아직 학생 신분을 그대로 유지할 수 있을 것이지만 그도 무한정일 수 없을 것이다. 짬을 내어 담임선생님을 찾아 만나 뵙고 그간의 사정을 말씀드리고 의논을 드려야겠다. 어쩌면 잘 말씀드리면 졸업장은 받을 수 있을 것이다. 그간 밀린 공납금과 기성회비 정도만 내면 담임선생님께서 선처에 앞장을 서 주실 것이다. 그만한 돈은 앞으로 일을 하면 만들 수 있을 것이니 그리 염려할 일은 아니다. 걸어가면서 직수 언니는 계속 말을 걸어온다.

"여기 참 조체?" 라든지

"여기는 어떠니?"

"저 나무 참 굵고 우람하다." 주위에 산재해있는 나무나 바위나 돌 풍경에 대한 단문이다. 그때마다 보이는 대로 느끼는 대로 답을 한다. 그리고 자기 나름의 생각을 정리한다.

가을 미팅을 함께했고 외삼촌에게 얘기하여 설이를 취직시켜준 은주에게 알아봐 달라 부탁했다. 선생님은 앞으로 계속 결석을 하면 출석일수가 모자라 졸업이 어렵다면서 담임선생님께서 설이가 계속 결석을 하는데 어디 큰 병이라도 들었나? 아니면 집에 무슨 일 있나? 우얀 일이고 통 연락도 없으니 은주보고 금호 가던지 한 번 알아 봐라 말씀하셨다는 것이다. 설이는 옆에 직수 언니와 함께 나무 사이를 걸으면서 온갖 생각에 빠진다. 처음 몇 번인가는 언니가 계속 묻더니만 설이의 대답하는 모습을 보니 진지함이 없고 앞만 바라보고 걸으면서 대답은 건성이며 단답이다. 무엇을 골똘히 생각하는 눈치다. 그러다 보니 언니도 말을 걸지 않고 많이 생각하라는 듯이 미끄러운 눈길을 땅만을 보면서 침묵으로 발길을 옮긴다.

하늘에서는 여전히 눈을 계속 뿌린다. 이제까지 내리지 않았으니 한꺼번에 모든 것을 다 내려 보내려는 듯 쉼 없이 눈은 내린다. 얼어붙은 개울물이 흐르던 곳에도 물은 얼어있고 얼음 위에도 눈은 탐스럽게 소복하게 앉아 무엇인가 속삭이듯 얘기를 하는 것 같다. 나같이 희어져라 깨끗해져라 왜 그렇게 지저분하냐? 더러운가? 너도 희고 나도 모두가 희지 않느냐. 어제까지만 해도 개울 근방에 바위들은 불에 탄 듯 시꺼멓게 볼품없었는데 무엇이 너로 하여금 이렇게 천지개벽하듯 하루아침에 이렇게 희어졌느냐? 깨끗해졌느냐? 잠깐 사이 새까만 구름이 하늘을 덮는가 하였더니 온 세상을 하얗게 변화시키는 모습은 인간의 힘이 크다 하나 이러한 자연 현상을 보면서 보잘 것 없음을 다시 한번 뼈저리게 느낀다. 한창 하얀 눈이 소리 없이 내릴 때는 눈을 지그시 감고 걸으면 얼굴에도 아니 눈 위도 눈이 잠깐 앉았다 없어진다. 떨어진 것 같기도 하고 녹은 것 같기도 하다. 손바닥에 물기가 있는 것을 보니 녹은 것 같기도 하다. 온통 천지가 하얗다. 이 풍경은 시가 되고 노래가 되고 정이 된다. 심한 바람이 한 움큼 눈을 쥐고 휙 뿌리듯 하면 눈을 뗄 사이도 없이 시는 노래는 저 멀리 도망가고 얼굴을 돌리며 손으로 감싸고 피하기 바쁘다.

인간의 감정 변화란 주위환경의 영향을 받기 십상이다. 고고한 척 거드름을 피우다가도 하루아침에 변한 환경을 만나다 보면 내 언제 그랬어 하며 얼굴 붉히지도 않고 철면피같이 아양을 떠는 변심을 죽 끓듯 보는 인생도 많다.

그러다 보니 많은 사람들은 종이 나부랭이 같은 돈 앞에 아양을 떨며 갖은 철면피한 짓도 예사로 한다. 어떻게 하든 많이 가지려 한다. 어쩌면 죽으면 하나 쓸모없는 것들을 가지고 말이다. 허긴 내 몸뚱이도 죽고 나면 하등 쓸모가 없는 것은 마찬가지 아닌가? 어른 같은 생각을 한다. 골똘한 생각 중에 어디서 왁자지껄한 소리가 들린다. 앞을 본다. 조금 떨어진 곳에 한 무리의 사람들이 보인다. 자세히 보니 젊은이도 있고 약간은 세월 보낸 이도 있고 한 무리의 남녀가 절을 돌아서 나오는지 떠들면서 걸어온다. 멀리서 봐도 사람의 윤곽이 잡힌다. 걸어오는 사람 가운데 훌쩍하니 키 큰 사람이 한눈에 들어온다.

14. 우연의 반복은 필연이다

어디서 많이 본 얼굴이다. 점점 가까이 다가온다. 옆을 스치며 지나가는 얼굴에 고개를 돌리다 말고 정면으로 바라본다. 멀리서 봤을 때 틀림없는 오빠였다. 언뜻 바라본다. 오빠 같은 사람도 자기를 보는 것 같았다. 그리고 무어라 아는 척하는 모습이다. 큰일 났다 싶었다. 이제 죽었구나 생각하며 오던 길 되돌아갈 수도 없고 이젠 오빠에게 잡혀 집으로 갈 수밖에 없겠다 싶었다. 짧은 시간이지만 이런 우연이 어디 있나 싶다. 큰 키며 얼굴 생김새며 걸음걸이며 연상 오빠다. 쌍둥이라 할 정도로 닮아도 너무 많이 닮았다. 피할 생각도 못 하고 마주치면 여러 사람들이 있는 가운데 뭐 어쩌려고 그때 분위기를 봐서 슬쩍 도망을 가던지 하면 될 것이다. 혼자 작정하고 속으로 계획까지 세운다. 마음을 다부지게 먹고 오는 사람을 마주 본다. 오빠와 많이 닮은 사람과 눈이 마주친다. 그 사람은 설이를 보면서 껌벅 윙크인지 눈을 감았다 뜨며 씩 웃으면서 지나간다. 그때서야 설이는 후유 안도의 한숨을 몰아쉰다. 오빠가 아니었다. 지나가는 그 얼굴을 고개를 돌려 시선을 쫓아가면서 가만히 본다. 본새는 같으나 다르다. 분위기는 많이 닮았으나 분명 오빠는 아니었다.

오빠에 대한 왈칵 미운 생각이 가슴에서 부글부글 끓어오른다. 오빠의 고집만 아니었다면 지금쯤은 대학입학을 위해 열심히 공부할 것인데 이렇게 공장에 입사하여 실을 뽑는 일은 하지 않아도 될 것이며 일요일 짬을 내어 이런 산사 오솔길을 걷고 있을 까닭이 만무한데 생각지도 않게 공장 생활을 하면서 직수라는 이름을 가진 언니의 보조로 색다른 삶을 가려 한다. 굴곡의 삶에 발을 들여놓지 않아도 되는데 생각할수록 분통이 터지고 오빠가 미워진다.

언제쯤이면 이런 마음이 없어질까 마는 지금은 도저히 미운 오빠에 대한 감정을 지워버릴 수가 없다. 그런데 이상하게도 오빠를 닮은 이 사람을 보면서 마음이 쓰이는 것은 또한 무슨 이유에서일까? 가까이 있으면서 가까이 하면서 무엇이나 다 간섭하고 잔소리하고 반대하고 이유를 달고 많이 자주 괴롭히는 것에 대한 복수하려는 비뚤어진 내 마음 탓에서일까? 간섭도 잔소리도 다 격이 있다. 사랑으로 애정으로 간섭이나 잔소리가 있는 반면에 정말 미워하는 경우도 있는가 하면, 별다른 감정이나 또 다른 무슨 목적이 없어도 습관적으로 하는 경우도 있다. 듣는 사람의 입장에선 사랑이나 애정에 의한 경우에는 별다른 문제가 발생하지 않지만 그 외 경우에는 받는 사람으로 하여금 상처를 만든다. 이러한 상처는 어른 될 때까지 계속 앙금으로 남으면 심한 경우에는 당하는 사람은 트라우마(정신적 외상)가 되어 정신과 진료를 받아야 하는 경우까지 생긴다. 옛날 말에 듣기 좋은 꽃노래도 한두 번이라는 우리나라 속담은 시사(示唆)하는 바가 크다. 집을 나오기 한 달 전까지 떼 간섭만 간섭이었다. 아닌 이야기로 밥 먹을 때 소리 낸다며 오빠는

"가시나가 밥 먹는 것이 거기 뭐꼬?"

"쩝쩝 소리 나게."

"시집가서 시아버지 앞에서도 그래라."

"가정교육 못 받았다는 소리 듣구로."

"좀 조용히 얌전히 못 먹나."

"가시나가 볼썽 싸납구로." 하신다. 함께 밥을 자시든 어머니가 듣다못해 한마디 하신다.

"야가 온갖 것 다 간섭한다. 내 귀에는 아무 소리도 들리지도 않는데." 어머님이 도리어 역정을 내시며 아들의 말을 가로막는다.

"야야 니가(너가) 말하는 소리가 더 시끄럽다."

"실 때(쓸 때) 없는 잔소리 하지 말고 니나(너나) 밥무라(먹어라)." 그래서 오빠의 하던 말을 중지시켰으나 설이는 오빠가 자신을 미워해도 너무 미워하는 것이라 생각하면서 이는 단순한 어떤 미움보다도 앞으로 일어날 일들에 대한 하나의 예방 차원이다. 이는 대학이란 문 앞에서 가족이란 울타리는 형제간에도 자기의 이해에 따라 이렇게 다른 모습으로 얼굴을 들이 내밀고 있다.

오빠라면 왜 무엇 때문에 대학을 가지 못 한다, 갈 수 없다고 동생이 알아듣게 자초지종 이야기하면서 설득해야 함에도 모든 것을 다 생략하고 윽박지르고 간섭하여 주저앉히려 한다. 조근 조근 이야기 한다고 마음을 바꿀 오빠가 아니라는 것을 아는 동생 설이는 인격을 갖춘 하나의 인격체이니만큼 되지 않을 일을 뻔히 앎으로 튈 도리밖에 없는 것이다. 설이는 집 나온 가장 큰 이유는 오빠의 이런 안하무인의 독선적 행동에 있었다. 어떤 때는 아무 일 아닌 것 가지고 꼴 보기 싫다는 말을 예사로 하니 자리보전할 장사가 천지에 어디 있을까?

미운 정도 누가 정이라더니 그 고맙지 않은 정 같지 아닌 정 때문일까? 사람의 마음 참 알 수 없는 것이다. 자신에게 아무리 잘해 주어도 미운 사람은 미운 것이고 자기에게 잘못했어도 정이 가는 사람 또한 있기 마련이다. 그러고 보니 많은 사람 중에 불세출의 영웅이란 다른 사람이 아니고 사람의 마음을 잡는 사람 또한 그러한 범주에 속하는 사람이 아닐까? 생각해 본다. 많은 군중 앞에서 포호(咆號)하는 명연설로 군중을 사로잡는 그러한 특출한 언변을 가진 사람일 것이다.

연설자는 진실된 마음이 없이 입술에 발린 말 한마디로 온 대중을 사로잡는다면 이는 희대의 사기꾼일 뿐이다. 이러한 사람이 지도자가 된다는 것은 그 사람의 됨됨이에 따라 나라는 결단날 것이며 나라의 운명 또한 잘못된 길로 가는 것이 불을 보듯이 보이는 것이다. 옛날 우리 어른들은 말을 잘하는 아이보다 우직하지만 말은 어눌하지만 성실한 아이를 우위에 두었다. 저 아이 번드르르하게 말 잘하는 것 보니 저 아이 글렀다. 크면 사기나 치면서 속이면서 밥술이나 먹겠다, 이렇게 말을 잘하는 것을 경계하셨다. 그러니 웅변학원도 말 잘하는 아이를 가르치는 게 아니라 성실한 아이 진실한 아이 남을 배려하는 마음을 가진 인간다운 아이를 먼저 만들고 그 후에 말을 잘하도록 훈련해야 하는 것이다.

또 하나 더 우리가 간과하지 말아야 할 것이 있다. 보통 아이들은 술버릇이 고약한 주사(酒邪)가 심한 아버지 밑에서 자라도 보면 자기도 모르는 사이에 그 잘못을 배우게 된다. 주사가 심한 사람을 분석해 보면 금방 알 수 있을 것이다. 술버릇이 나쁜 사람 가운데 어떠한 일이 있어도 자기는 자라 어른이 되면 아버지 같은 사람은 되지 않겠다고 다짐하지만 의지가 강하지 않은 사람은 자기 의지대로 행동하지 않고 자기도 모르는 사이에 보고 배운 대로 행동하는 사람들을 본다. 즉 술을 많이 먹었다 하면 자기 아내에게 손찌검을 하는 아버지를 봐온 아들이 자기도 모르는 사이에 아버지를 닮아가는 것이다. 그리고 장가를 가면 술을 먹었다 하면 아내에게 손찌검을 하는 것이다. 해 놓고는 후회하고 또 다시는 그러지 않겠다고 약속을 한 후에도 또 그 버릇 개 못 준다는 속담과 같이 같은 짓을 반복하는 것이다. 우리가 담배를 끊어야지 하는 사람을 보면 금년 프로그램을 벽에 붙여놓고 실천하기 위해 애쓰는 사람을 본다. 물론 성공한 사람도 없지 않지만 실패한 사람이 더 많다. 담배는 내일 끊어야지 모레 끊어야지 무엇을 하고 난 후 끊어야지 하는 사람은 십 중 구구 끊지 못한다. 끊어야지 마음먹으면 지금 당장 이 시간부터 아니 생각나는 지금 이 순간부터 끊어야 한다. 그래야지만 진정 끊을 수 있다. 어떤 가정에서 어떤 부모 밑에서 자라느냐? 가정의 중요성은 백번을 얘기해도 모자람이 없다는 것은 위의 경우를 봐서도 명백한 것이다. 보고 배운 것이 이러한 것뿐이라면 어지간히 노력을 해도 되지 않는 것이다. 정말이지 담배를 끊기 위해서는 손가락을 단칼에 끊어버리는 아픔을 참을 정도로 노력하지 않으면 고치기 어려운 법이기 때문이다.

백번 강조해도 지나치지 않습니다

가정의 중요성은 마무리 강조해도 지나치지 않습니다.
다음세대의 주인인 우리 아이들 마음도 몸도
자라는 곳이기 때문입니다.
어떤 사람으로 살아가느냐 하는 것은
부모가 어떤 사람으로 살았는가? 답을 줍니다.
선하고 착한 부모 슬하에서 자란 아이들은
선하고 착하게 살아가기 마련입니다.
어린 아이들은 자기 부모가 잘 사는지 못 사는지
모르는 것 같아도 뻔히 잘 압니다.
잘못인지 알면서도 배우며 따라합니다.
싸움이 잦은 부모를 둔 아이는 빗나가기 쉽습니다.
아이들을 건강하게 자라게 하려면
부모들이 잘 살아야 합니다.
콩 심은데 콩 나고 팥 심은데 팥 나는 법입니다.
우리 모두 명심합시다.

중매쟁이가 왔다 갔다. 있는 말은 더 보태고 없어야 할 말은 빼고 또 양가 다 듣기 좋은 말로만 각색을 하여 결실을 맺게 한다. 이 집 사정 저쪽 집 사정 거의 다 잘 아는 서로 이웃에 사는 말이 번지르르한 뚜쟁이의 여러 말솜씨에 조그마한 거짓말은 혼인에는 양념이란 주변 사람들의 훈수도 있고 하여 허락을 한다. 신랑 각시는 그저 어른들의 결정을 쫓아가다 보면 자기 의사는 없고 선을 봤는지 당체 의문이 갈 정도의 마음이다.

첫날밤 치르고 서로가 아침이 밝아서야 정색을 하며 떡칠한 얼굴을 벗기고 본 얼굴 보기는 처음이라 속으로 조금 못나도 곰보 째보가 아니면 된다며 마음 졸이다 생각보다 얼굴이 반반하고 남자는 허우대가 멀쩡하니 남녀 둘 다 다행이라 안도의 한숨을 쉰다. 그리고 몸 섞어 아이 낳고 세월 흐른다. 몸도 주었으니 마음인들 못줄 쏘냐 하며 살아온 세월이다. 나이 들면 지난 그 세월이 아까워서도 남의 편이란 남편이 씨앗을 보고 다른 몸에 아이 낳고 여러 수십 번 바람을 피워도 정 때문이라기보다 살아온 세월이 아까워서 살아야지 생각되기도 하지만 헤어지면 친정에서 반겨줄까? 여필종부란 허울 좋은 조선조 건국이념(고려를 무너뜨리고 자기들 정권 탈취 후 백성들의 인심을 얻기 위한 하나의 방편으로 만든 유교사상)으로 살아온 조선 백성의 삶이 그럭저럭 세월 흘러 하나의 돌이킬 수 없는 지켜야 할 윤리 도덕이 되어 아녀자들을 꼼짝 달싹 못하게 옭아매어 풀 수 없는 쇠사슬이 된 긴 세월, 획 내던지고 싶은 진심을 억누르고 살아야지 하는 마음과 또 다른 갸륵한 마음인 딸린 새끼들은 어떻게 하고, 어쩔 수 없이 미워도 견디며 살아온 조선의 여인들이었다. 우리들의 어머님들이 그리 사셨고 주위에 사대부가는 물론 몇 되지 않은 민촌(民村) 여인들조차도 밤이면 아이 낳는 기계로 농촌에는 일손을 돕는 반 농사꾼으로 논으로 밭으로 일하다 말고 참을 날라 주는 고달픈 삶, 지아비는 씨앗 뒹굴며 살 맞대고 쾌락에 젖은 긴긴밤에는 호롱불 아래에서 손베틀에 앉아 길쌈하며 가족의 옷이며 이부자리를 해결하며 살아오셨다. 한이 쌓여 한 손으로 북을 당기며 한 발로 밀며 흥얼거리는 노래가 한을 푸는 유일한 방법이었다.

여필종부(女必從夫)라며 열녀라며 칭송하며 기리는 것도 다 남성 중심 사회의 정당성을 확보하고 체제를 유지하기 위한 한 수단이며 사탕발림이었다. 조선사회 처첩(妻妾)을 거느리고 거들먹거리는 것은 남자로서는 자랑이었으면 자랑이었지 절대 수치(羞恥)는 아니라는 사회 통념은 더 많은 아녀자를 울렸고 사대부가(士大夫家)뿐만 아니라 이를 흉내 내는 무지렁이들 아니 어정쩡한 이들, 하는 일 없이 빈둥거리며 놀며 투전판이나 기웃거리며 이도 저도 아닌 반풍수(半風水)들도 흉내를 낸다. 그러니 어지간히 먹고 사는 집안에서는 다들 처첩 거느리기를 좋아하였다. 처첩들은 조금은 모자라고 부족해도 조금 심하게 말하면 도마 위에 올린 고기처럼 씻지 않은 몸으로 벌거벗고 누워 있어도 크게 흉이 되지 않았다. 누구의 소실이다 하며 남들의 입방아에 오르내려도 의레 그럴 것이다 생각했으므로 이해되고 용서되었다. 어떤 일을 하든 본처는 엄격하게 윤리 도덕 사회규범의 잣대를 들이댔지만 처첩에게는 의례 그러려니 하며 느슨해진 잣대는 남정네들의 편리의 도구는 아니었을까? 남성 중심사회가 갖는 어떤 규범의 제정도 남자인 저희들끼리만 쑥덕쑥덕 그 어떤 통제나 제어 장치가 없었다. 불교가 그런 역할을 했어야 했으나 산중에 은거하여 세속의 일에는 하등 신경을 쓰지 않았으며 유교는 어떤 의미에서 남성 중심 사회의 해악을 두둔 옹호한 측면이 강했다 할 수 있다. 삼강오륜, 부부유별, 여필종부, 칠거지악(지난날 유교에서 아내를 내쫓을 수 있는 일곱 가지의 조건을 이르는 말. 곧 부모에게 불순함, 자식이 없음, 음행, 투기, 나쁜 병) 하다못해 삼강오륜의 하나인 부위부강[夫爲婦綱 (남편과 아내 사이에 지켜야 할 도리. 이도 아내는 남편을 섬겨야 한다. 여자에게만 강요한 것은 아닐까?)]이란 말로 여자들에게만 족쇄를 채우지 않았나 생각된다.

해방과 6 · 25 한국전쟁의 동족상잔이란 비극이 나라를 온통 두 동강으로 쪼개졌으며 민족분열이 극에 달해 단군 이래 일찍이 경험하지 못한 기막힌 삶의 몰골들이 더 많은 우리들 어머니들의 절규가 지금까지도 이어지고 있는 것이다. 토지개혁으로 많은 농민들이 자기 소유의 토지를 갖게 되어 소작인의 굴레를 벗어났으며 또 이러한 제도의 개혁은 빠르게 양반 상놈이란 신분 사회가 허물어지고 더욱 6 · 25 한국동란은 살육과 파괴로 온 도시 농촌 할 것 없이 불구의 몸같이 부서지고 망가졌다. 또 한편으로는 구시대로부터 새로운 시대 새로운 세상으로 눈을 돌리게 하였다. 미군의 진주는 빵과 껌과 춤과 함께 새로운 문물에 눈을 뜨게 하였다. 일부일처제의 정착은 기독교를 믿는 사람들로부터 서서히 정착되어 갔다.

시대의 흐름도 많은 변화를 가져왔다. 처첩에 대한 그 어떤 단죄나 제재가 없었던 것은 사회 전체가 유교적 가부장 제도가 사회 전반을 지배하고 있었으며 관용이란 아름다운 미덕이 존재했기 때문인지는 몰라도 많은 세월 흐른 후에야 공직사회에서 제일 먼저 처첩을 거느린 공무원에 대한 제재가 있었다. 이때까지도 많은 우리들의 어머니들이 씨앗을 보고도 질투를 하기보다는 참고 인내하며 스스로 속을 썩이면서 눈물과 한숨으로 세월을 보내며 종래에는 단념하는 결심은 자신의 건강을 지키며 갈등과 불화로부터 가정을 지키고 자식을 보호하는 하나의 방패였다. 분노는 하지만 나타내지 않고 감내하며 슬픔을 안으로 삭이는 방법은 현명한 선택은 아닐지 몰라도 자신과 자식을 위한 지혜로운 처신인 것이다. 사대부가의 후손이라기보다 농촌에서 선대가 물려준 십여 마지기 농사와 어렵사리 농고를 졸업하고 어찌어찌하다 군청에 근무하게 되어 식솔들 밥걱정은 하지 않게 되었다. 그는 일찍 장가를 들었다. 2살이나 많은 손위 여자를 아내로 맞아 줄줄이 아들딸 낳고 살아왔다. 그 세월 동안 잔재미조차 전혀 없는 아내, 사는 맛이라고는 없는 아내, 부부간의 운우(雲雨)의 정에 대해서는 아는 것이 없는 아니 알더라도 마음속에 넣어두고 감추어야 하는, 그러다 보면 아예 그렇게 길들여지고 마는 여인들 중 하나인 아내 몸은 언제나 단정하며 조신(操身)하며 두 귀로 들어도 듣지 않은, 두 눈으로 보고도 못 본 척해야 하는 여필종부와 삼종지도는 조선조 여인들이 풀 수 없는 기막힌 족쇄이었다. 지아비의 말은 하늘같이 받들어야 한다는 조선시대 훈육을 귀가 아프도록 들으면서 자랐었다. 어려서는 아버지 말씀을 어겨 본 적 없고 시집을 가서는 남편이 하는 일에 목소리를 내는 것은 생각해 본 일도 없었다. 타고난 천성 또한 어질어서 근본적으로 말썽을 일으킬 여인은 되지 못했다. 그러니 남편으로서는 아무 거리낌이 없었다. 음식이면 식상(食傷)할 대로 식상하였으니 버리기라도 하겠으나 사람이니 버릴 수도 없고, 농사일이다 여름철 뙤약볕에 그을려 처녀 때도 예쁘지 않던 그 얼굴이 많지 않은 나이인데도 검은 얼굴에 잔주름마저 보이기 시작하니 나이보다 한 열 살은 더 보였다. 저 화상(畵像)보고 있으려니 짜증이 났지만 그래도 조강지처(糟糠之妻)인데 애들 보기도 그렇고 고민 고민 하였다. 그런 여자이지만 아이 엄마로 시부모를 모시는 며느리로 집안 대소가의 일이며 나무랄 데 없는 여자이었다. 그러니 자신에게 소홀할 뿐 아니 자신에게 소홀하다기보다 단지 욕망을 주체치 못하는 자신의 성적 도구로

서 불만족이 이유라면 이유인 것이다. 그러니 내친다는 것은 꿈에도 생각할 수 없는 일인 것이다.

남자는 혈기 왕성한 중년으로 본능을 참기란 쉽지 않다. 더욱 그는 본능적으로 그 부분에서는 강하게 태어났는지 아니면 별다른 다른 취미나 오락이나 젊음을 발산할 그 무엇도 가지질 못했으니 가장 재미있는 놀이가 아니었을까? 자주 부부생활 중에 대놓고 아내를 구박한다. 기교가 없다느니 목석이라느니 나무토막이라느니 인격적인 모욕도 서슴지 않는다. 아내가 참는 것도 한계가 있다. 이젠 아예 어디 나가서라도 해결하라며 풀어놓은 처지가 되었다. 그러니 자연히 마누라인 자신은 감당하기도 어렵고 그렇다고 가만히 건성건성 대하는 마누라를 보면서 한 우물만 팔 위인은 더더욱 아니다. 티격태격 그런 날들이 계속되었다. 그러던 어느 날 남편에게 대놓고 당신 그렇게 불평이 많으면 나 당신이 어떻게든 머라 카지(뭐라고 말하지) 않을 테니 술집여자랑 자든지 아니면 어디가 여자를 하나 데리고 놀든지 관계하지 않겠다며 노골적으로 씨앗 보기를 간청하는 형상이 되어버렸다.

옛날 말에 씨앗을 보면 돌부처도 돌아앉는다는데 이거야 원, 자기 아내가 먼저 씨앗 보라 하니 거꾸로 된 형상이다. 그러다 보니 이 집 남자 물 만난 고기마냥 설쳐 댄다. 으르렁거리며 먹이를 찾아 나서는 사자같이 눈을 부라리며 코를 벌렁거리며 끙끙거리는 형국이다. 어느 년이라도 걸리기만 해 봐라 내 요절을 낼 것이다 생각하며 젊은 여자를 찾는데 모든 지혜를 발휘하였다.

훌쩍하고 늘씬하며 깡마르고 날렵한 체구에 생긴 바꾸는 나무랄 데 없다. 미남 배우형이다. 아닌 이야기로 배우라 해도 곧이 들을 만한 훤칠한 인물이다. 눈을 부라리며 찾는 중에 걸린 년이 바로 설이였다. 미래에 대한 꿈 그러한 일들에 대한 생각, 즉 각오라 할까? 다짐이라 할까? 확실한 신념을 가지고 있었지만 세상 돌아가는 이치 물정에 대해서는 숙맥이나 다름이 없었다. 고등학생이 가정 형편상 대학을 갈 수 없는 자기 처지를 헤쳐 나가려 자기가 벌어 스스로 대학을 가야 한다는 그 당위성 하나만으로 집을 뛰쳐나왔던 설이다.

어쩌다 굴러들어온 떡 덕분에 세상일에 마음 붙이고 살맛을 느낀다. 애초에 인연을 맺은 것이 계획적이거나 강압적이거나 그 어떤 물리적 방법도 동원하지 않았다. 마음이 여려 세상 물정을 모르는 갓 고등학교를 휴학하며 직물공장에서 일을 하며 돈을 모아 자기 힘으로 대학을 가겠다는 야무진 꿈을 가진 고등학생, 꿈도 많은 여자아이를 가슴팍에 품었다. 하루 밤을 새고 나니 만리장성을 쌓았다. 그리고 몇 달이 흘러 어느 날 참한 아가씨의 울음 섞인 전화를 받고 다시 만날 때에는 달랑 가방 하나를 들고 시골 다방 한구석에 죽치고 앉아있는 것이다. 난감했다. 이 일을 어떻게 처리해야 하나 골몰을 앓았다. 왜 그래, 물어도 대답은 않고 울기만 한다. 톡톡 어깨를 두드리며 달래 보기도 하고 불끈 목청을 높여 화를 내기도 하여 겨우 진정시키고 물어보니 사연인 즉슨 어느 월간 잡지에서 보니 그달 달거리가 없으면 임신이라는데 수중에 돈도 없고 겁도 나고 조금 있으면 구토며 딸꾹질도 할 것이고 그러다 보면 집에서도 알 것인데 만일 세상에 알려지면 불같은 오빠의 성질로 보아서 죽이려 할 텐데 어쩌면 좋으냐며 어떻든 갈 곳이 없다며 울고불고하는 통에 부엌이 달린 방 한 칸을 빌려 들여앉혀 놓고 병원을 가든 약국을 가든 하자고 하며 안심시켜 놓았다. 집에는 숙직한다 이러고 함께 여관방 신세를 졌다. 첫 경험을 갖게 한 후 오늘 두 번째 가슴에 품었다. 이게 잘한 일은 아닐 것이고 아주 죽일 놈의 짓은 아닐까? 걱정하면서도 아이를 안고 뒹굴 때에는 정신 나간 사람마냥 아니 마약 주사를 맞은 놈같이 생각할 겨를이 없었다. 자신의 감각기관 모두가 한 곳으로 집중되어 완전히 이성이 고갈되었다. 자기 나이보다 14살이나 아래인 애티가 나는 아이를 자기 맏아들과는 겨우 일곱 살 차이이니 딸 같은 아이를 이렇게 품어도 되는지? 윤리 도덕이니 사회규범은 생각지도 않았다. 밤이면 황홀경을 걷는다. 이 즐거움을 어떻게 마다할 수 있느냐? 누구 말마따나 삼수갑산을 가는 한이 있다 하더라도 자기 발로 굴러들어온 떡 먹지 않고 그냥 두는 성인군자 있으면 이리 나와 보라며 자기 합리화를 한다. 회포를 풀 듯 밤새도록 잠을 자지 않고 새벽녘에야 겨우 눈을 붙였다. 그리고 다음 날엔 무척 바빴다. 부엌 딸린 한 칸 방을 찾아 동분서주 한 덕에 군청에서 멀지 않은 곳에 방 한 칸을 빌렸다. 아무도 모르게 두 집 살림을 시작한 것이다. 처음 시작할 때는 조강지처 눈치 보느라고 아니 그보다 다 큰 아들이 알면 어떻게 생각할까? 고민을 했다. 또 직장 여러 상사나 동료들이 알까 보아 숨어 다녔다. 직장에서 퇴근하고 곧바로 작은 마누라 있는 방 한 칸짜리 집에 먼저 들렀다. 어떻거나 그때는 나 역시 젊은 나이이고 색시는 꽃다운 스물 운우의 정을 모르는 젊은 아니 아직 어린 나이의 새색시니 가슴에 품어 자기 혼자만 씩씩거리며 즐거움을 만끽했다. 미안하기도 하고 죄책감이 들기도 하였으나 그도 하루 이틀 조금 시간이 지나다 보니 아이쿠 이도 아주 즐거운 삶 지금 내같이 참한 새아씨 끌어안고 즐거워 몸부림치는 남자, 나 외는 없을 것이다. 있으면 나와 보라 그래 전쟁에서 이기고 돌아온 장군 같은 생각을 갖는다. 혼자 의기양양 한다. 잘못되긴 한창 잘못되었지만 잘못 배운 윤리 도덕이 한 여자에게는 죽어서도 처녀로 살게 하는 아픔을 준다. 시집가면 당연히 호적을 정리하여 남의 집 며느리 어느 남자의 아내 아이들의 어머니가 되어야 하지만 정리할 대상자는 엄연히 시퍼렇게 두 눈 뜨고 마누라 살아있는 남정네이니 갈 곳 없어 아버지 어머니 함자 밑에 파적하지 못하고 처녀로 늙어 죽어야 할 처지가 되고 마는 아픔은 생각할 겨를이 없었다.

장가들고 얼마 동안 신혼 재미보다 무엇인가 알고 저지르는 짜릿한 지금 이 시간이 비할 때 없이 즐겁다. 그런 하루하루 아니 공중을 붕붕 떠다니는 기분이다. 전에는 그러지 않았는데 요즘은 항상 싱글벙글한다. 처음 보는 사람들은 어딘가 조금 모자라는 듯 보이기도 했을 것이다. 그러한 시간들이 지나고 나니 어린아이가 어느 날부터 무엇인가 남녀 관계의 진정한 의미를 조금씩 알아챘는지 꼼짝도 않더니 관계 중 꽉 달라붙으면서 작은 신음을 내는 것이 제법 기교를 부린다. 본마누라와 살을 섞을 때와는 완전히 다른 새로운 세계를 경험한다. 지난 세월 신혼 초 아내와 살을 섞을 때와는 완전히 다른 이젠 농익어 가는 밤송이가 완전히 벌어지며 밤알을 보여주듯 하니 이 아니 좋을시고. 한껏 자신의 숨은 실력까지도 발휘 표출시키고 싶을 만큼 몰입한다. 매일 집에는 들리니 신혼에는 그도 매번 하던 일 일주일이나 보름 그냥 지나치다 보면 의심을 받을 것이니 의무 방어전도 또한 해야 한다. 어떤 날은 초저녁에는 새색시와 떠오르는 초승달을 보며 즐거움을 누리고 깊은 밤에는 하늘 가운데 홀로 외로워하는 구름에 가린 만월의 달을 위로하듯 의무 방어전을 치른다. 그래도 어떻든 젊은 나이이다. 체력 왕성했으며 기초 체력 또한 단단했다. 부모로부터 물려받은 체력 자체가 천부적이며 선천적으로 강골로 태어난 것이다.

어떤 날은 씩씩 거리다가도 문득 어제저녁 의무 방어전을 치를 때하고는 전혀 다른 느낌이 든다. 통나무를 앞에 두고 도끼로 장작을 팰 때 걸리는 긴 시간 노동은 재미는 없다. 팔에 힘이 빠지고 땀만 흐른다. 그냥 쉬고 싶은 마음뿐이다. 그러나 지금은 완전히 다르다. 다 같은 힘을 쏟는데도 힘들지 않다. 조금 디다 싶으면 잠깐 멈추었다 다시 시동을 걸면 언제 그랬느냐는 듯 싱싱 발동이 제대로 걸린다. 충전의 시간은 짧고 가동의 시간은 엄청 길다. 이러한 현상은 혼자의 힘만으로 동작만으로 되지 않는 모양이다. 음양의 조화가 한결같아야 가능한 일인 것이다. 뒤에서 옆에서 위에서 아래에서 사방팔방에서 만져주고 일러주고 감싸주고 서로가 살갑게 해주어야 가능한 행위들일 것이다.

설이는 저녁에 남편이 본가에 가기 전 들려 반찬거리라도 사라며 얼마간 던져주는 돈을 들고 아침 겸 점심을 먹고 어수룩하게 변장을 하고 다른 사람의 눈을 피하여 시장에 간다. 혹 지나다니다 아는 사람을 만날까, 텁수룩하게 꾸민다. 자신이 자신을 봐도 수월찮게 나이가 들어 보인다. 여자 팔자 뒤웅박 팔자라는데 지금의 내 신세가 과연 어떻게 될 것인지 불안하기 짝이 없다.

모처럼 시장에 나가 이것저것 찬거리를 좀 사고 집이라기보다는 방구석으로 돌아왔다. 바깥바람을 조금 쉬고 들어오니 조금은 살 것 같다.

문학세계대표작가선 997

마음 가는 대로 사소서

권동웅 작품선집

인쇄 1판 1쇄 2023년 8월 1일
발행 1판 1쇄 2023년 8월 10일

지 은 이 : 권동웅
펴 낸 이 : 김천우
펴 낸 곳 : 도서출판 천우
등 록 : 1992. 2. 15. 제1-1307호
주 소 : 서울시 성동구 무학봉28길 6 금용빌딩 2F
전 화 : 02)2298-7661
팩 스 : 02)2298-7665
http://cafe.naver.com/chunwu777
E-mail : cw7661@naver.com

값 18,000원

ISBN 978-89-7954-906-5